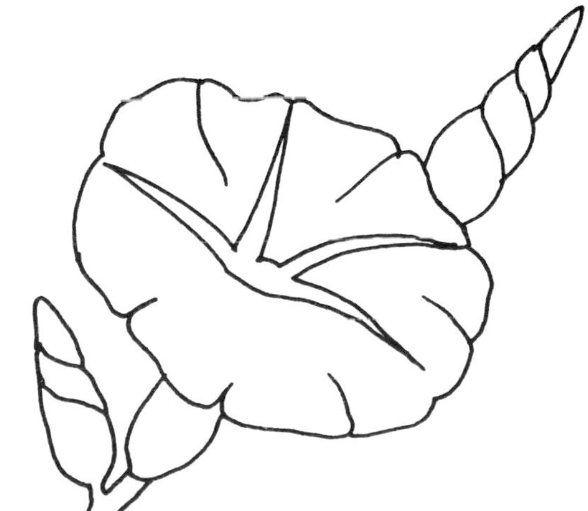

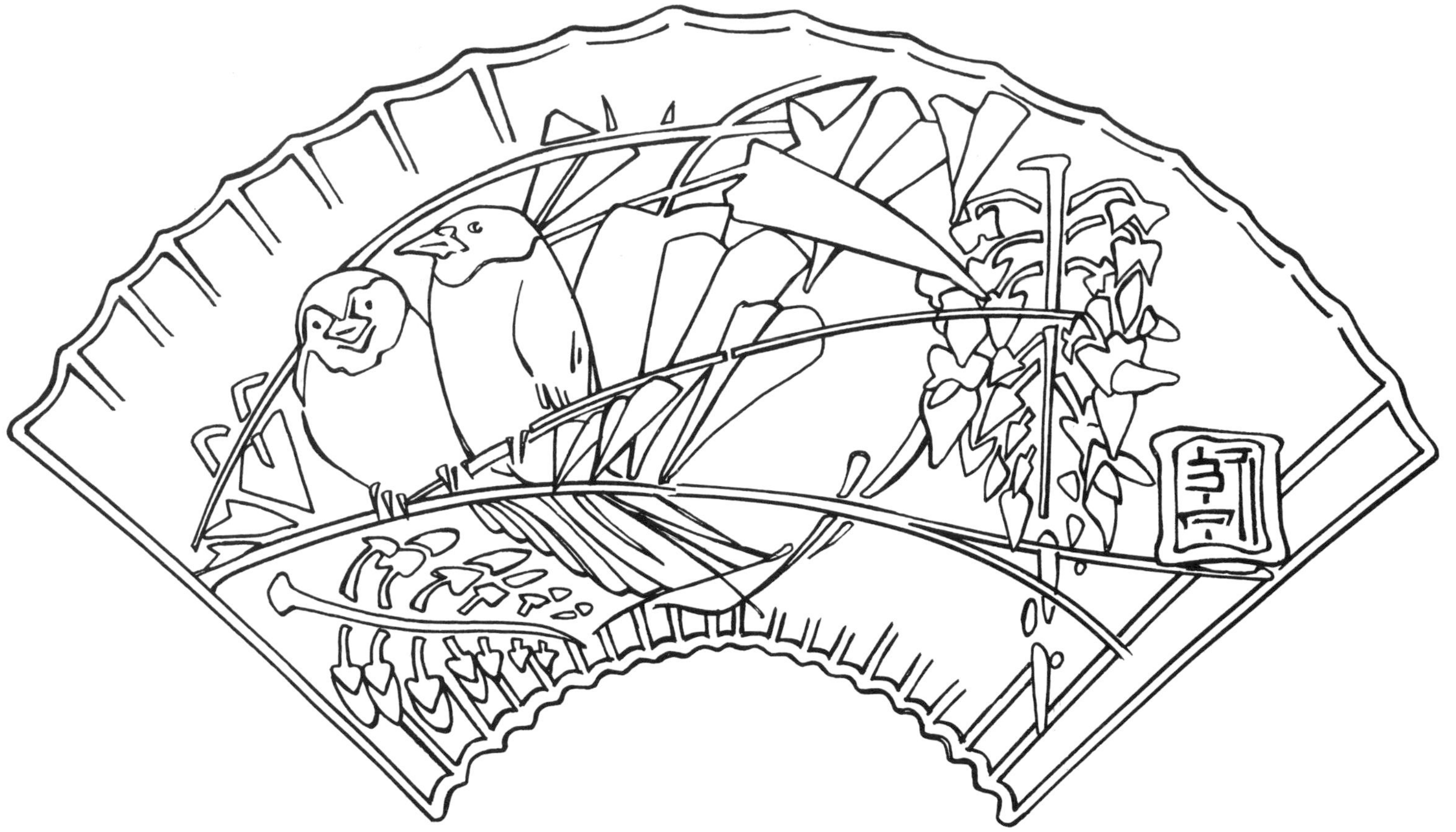

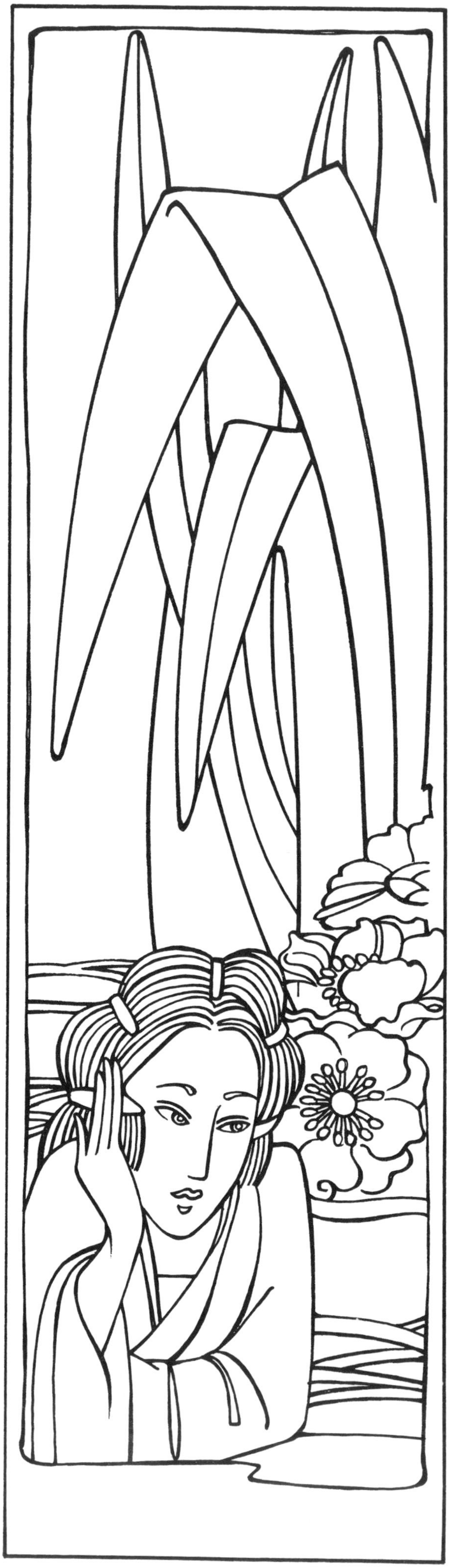

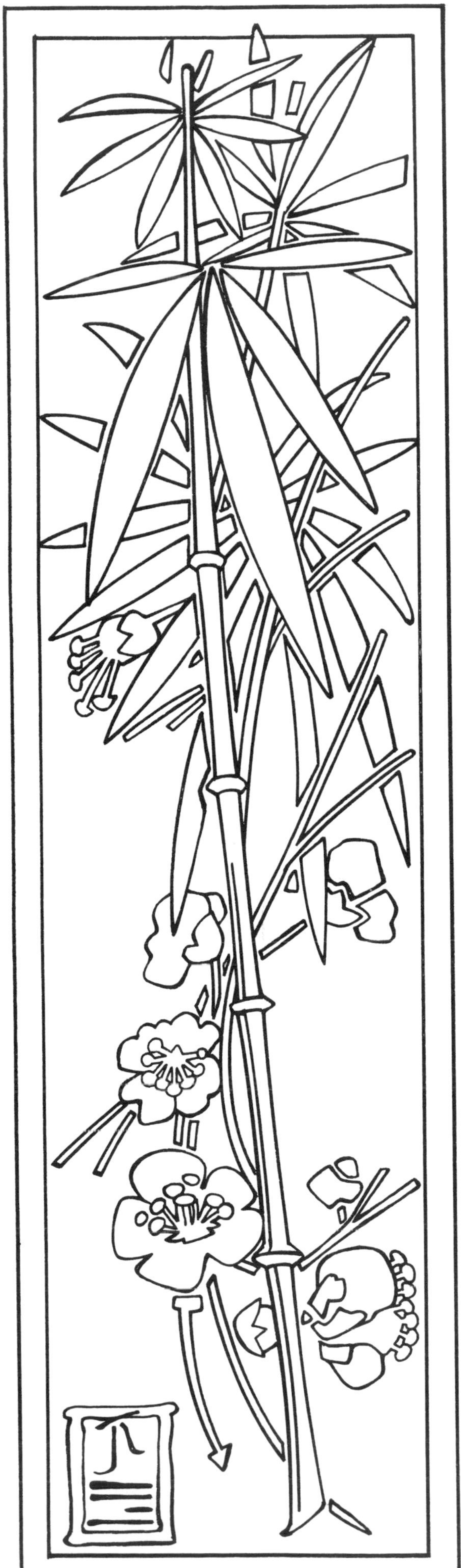

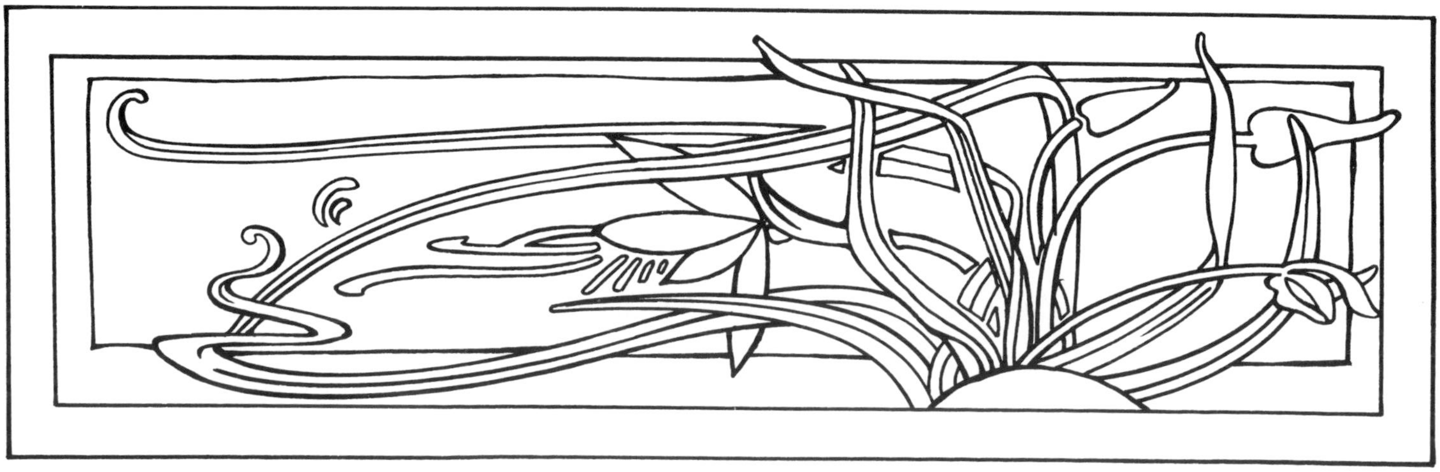

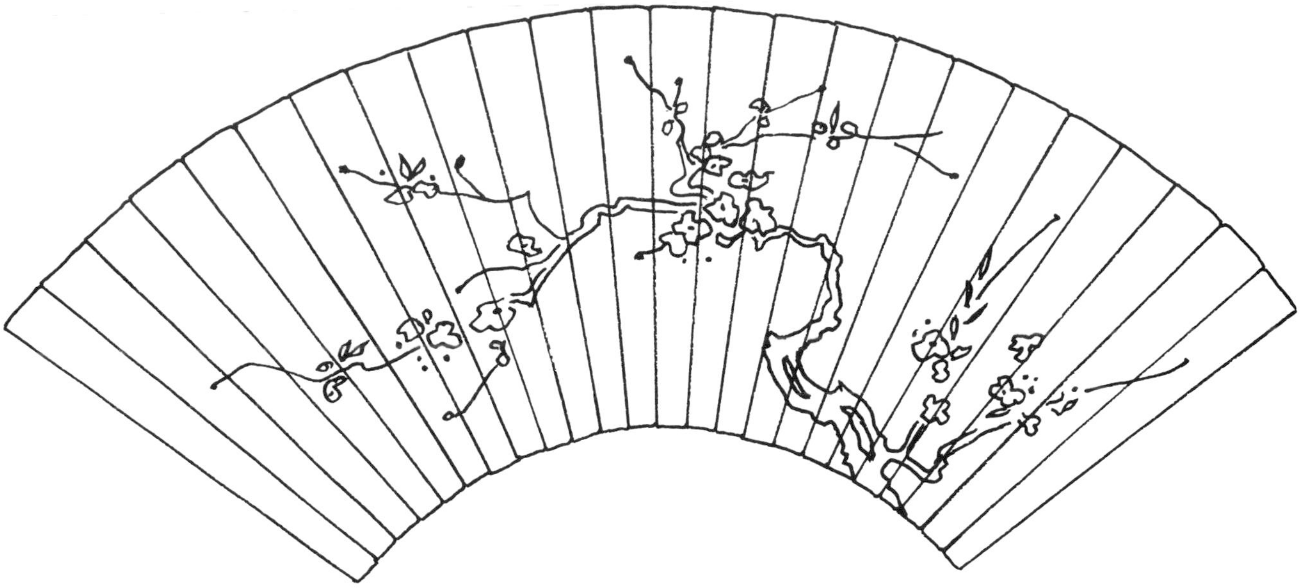

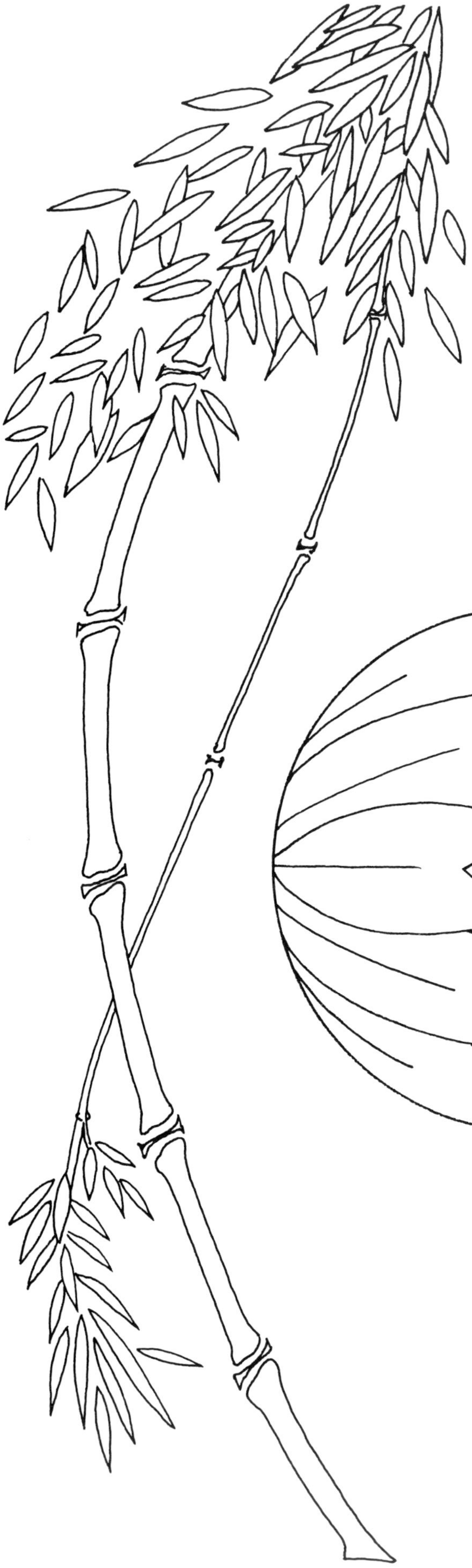

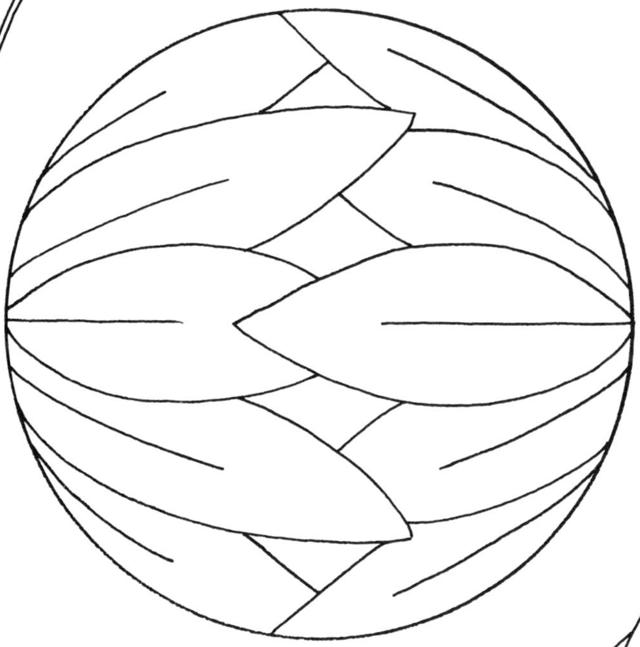

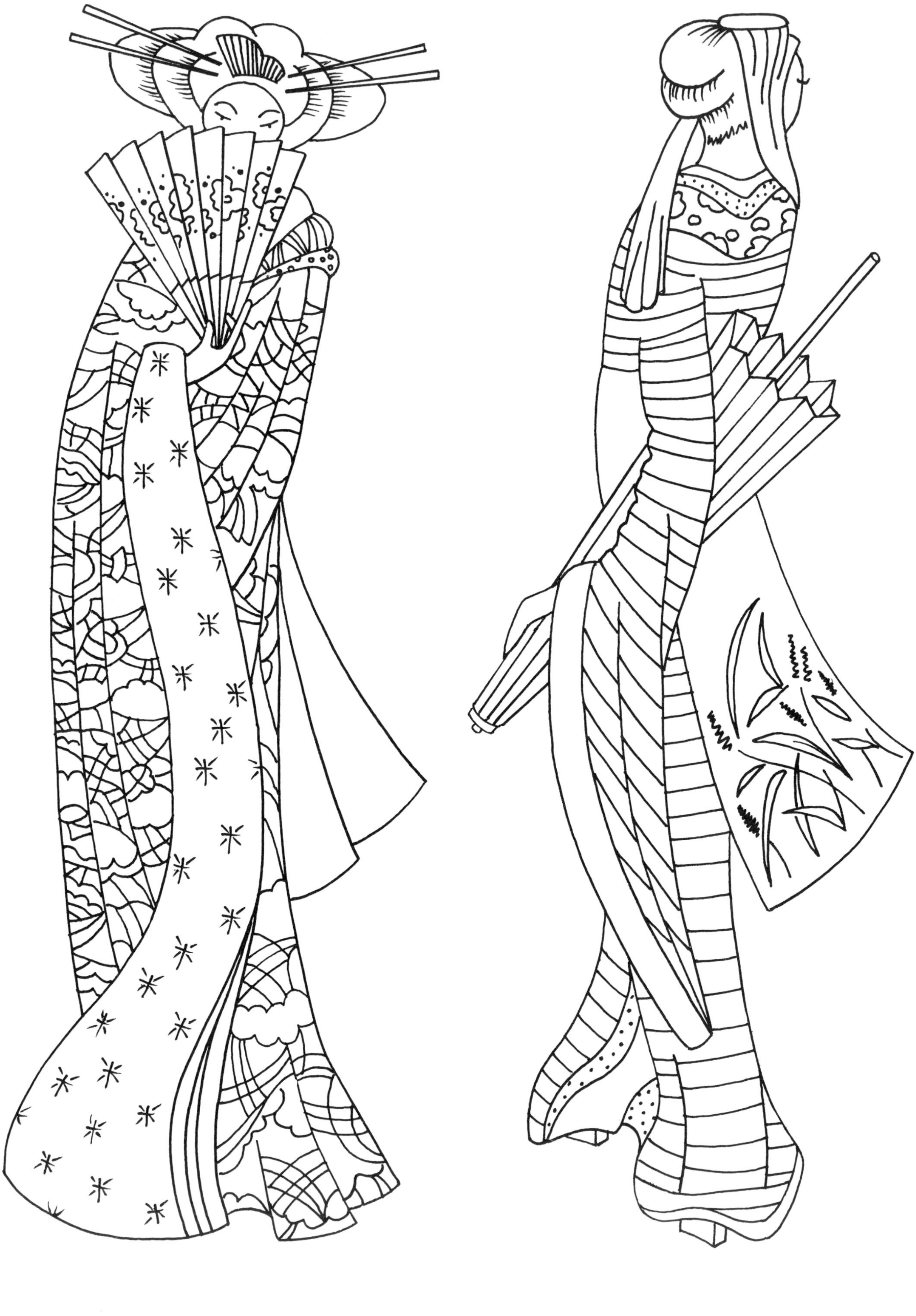

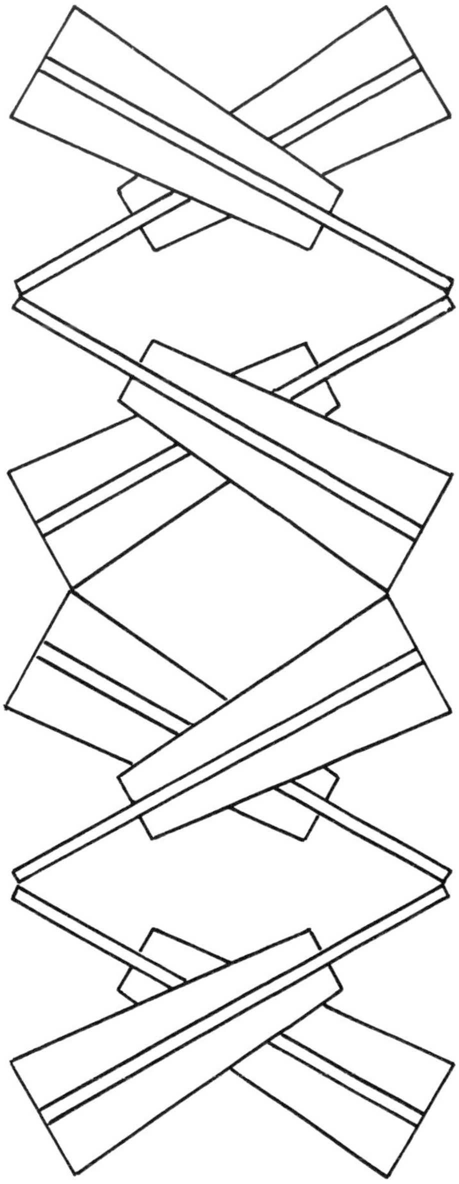

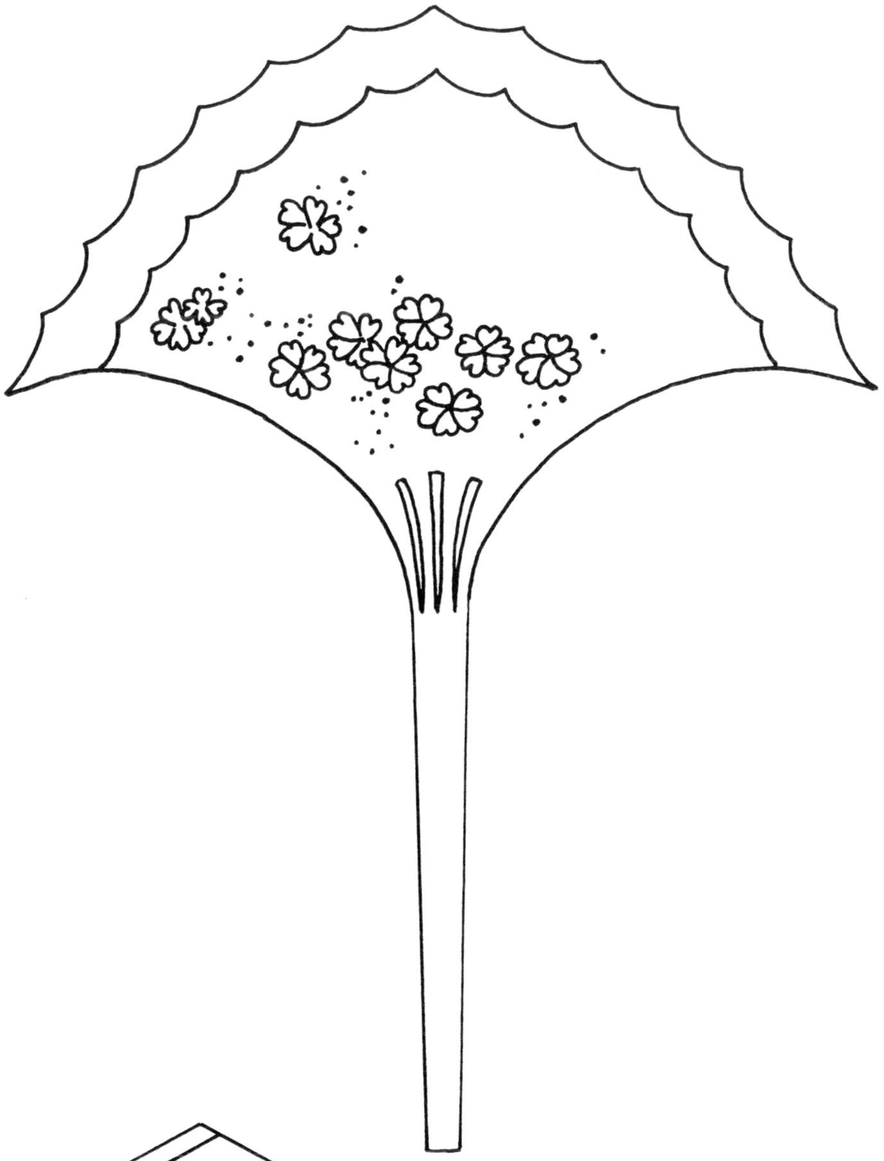

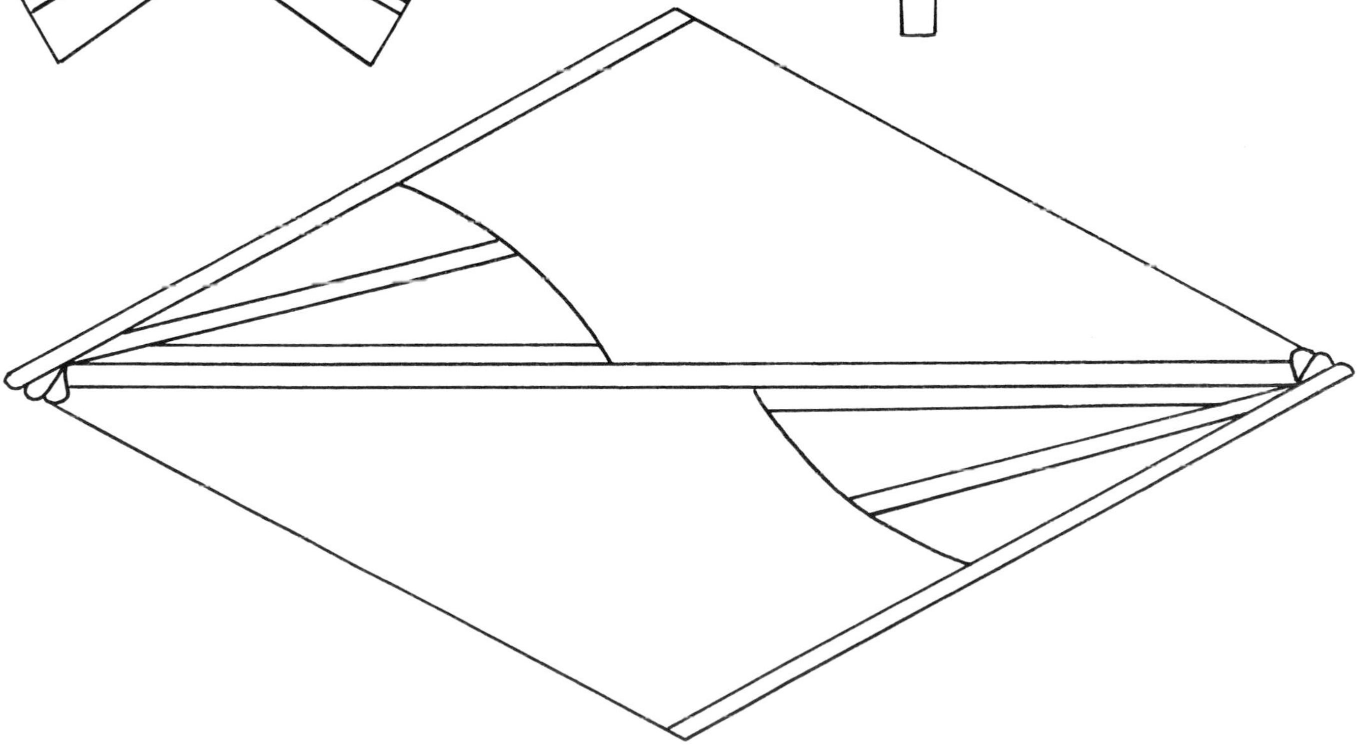

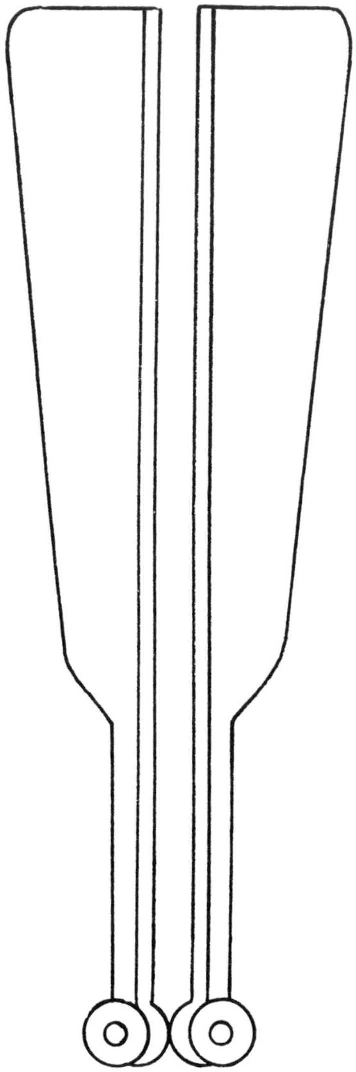

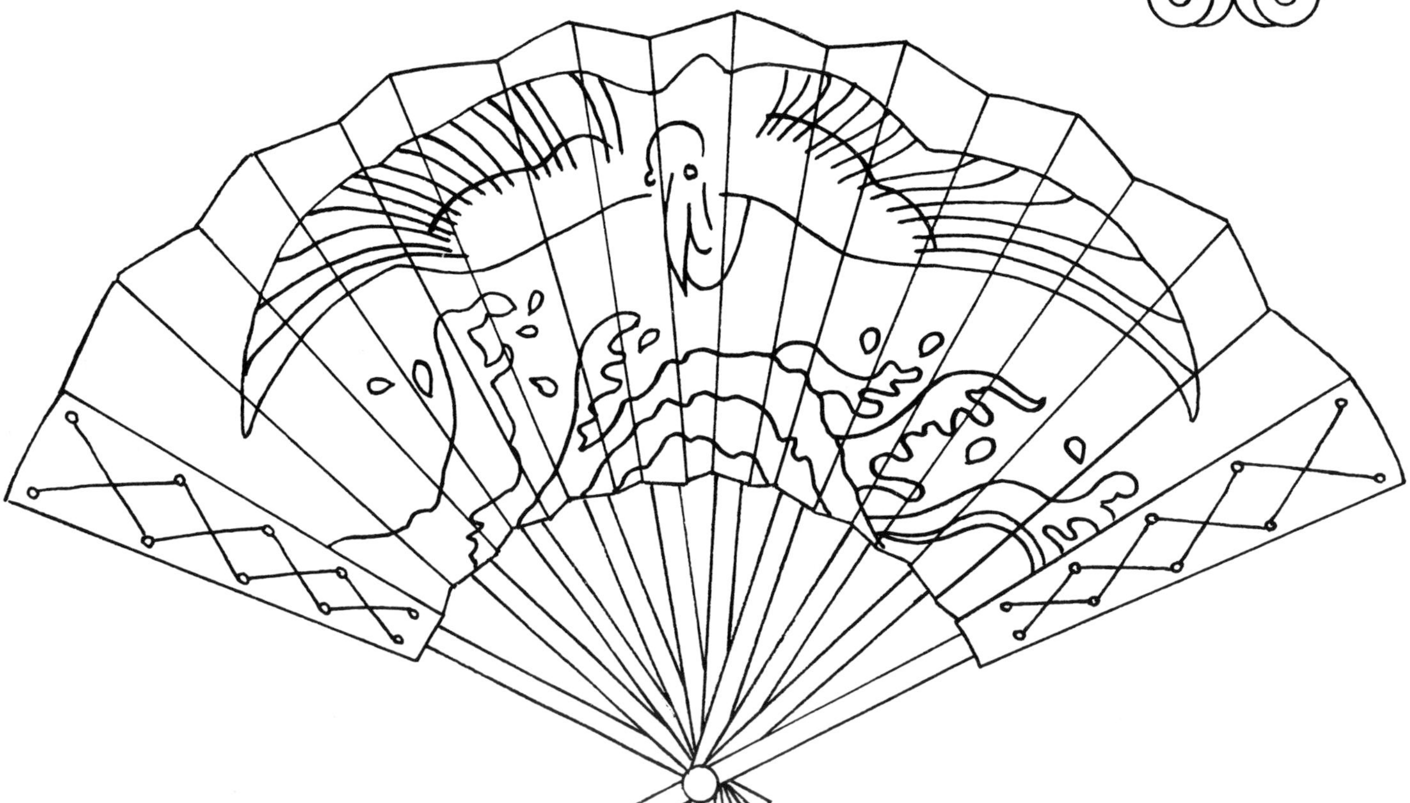

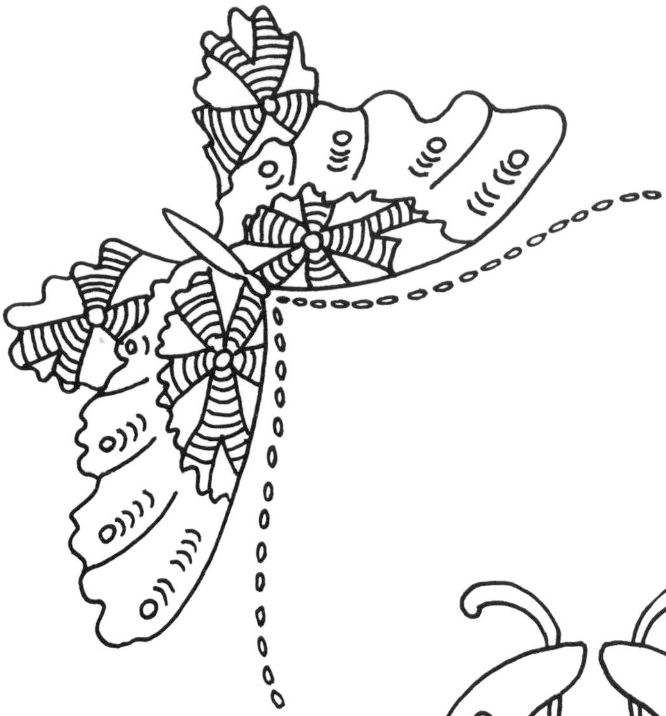

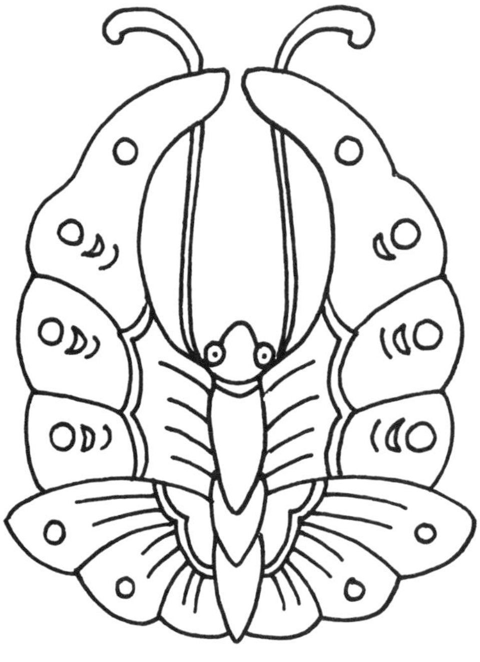

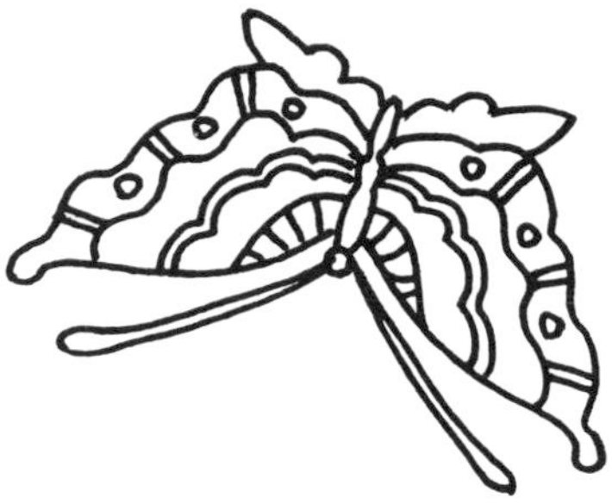

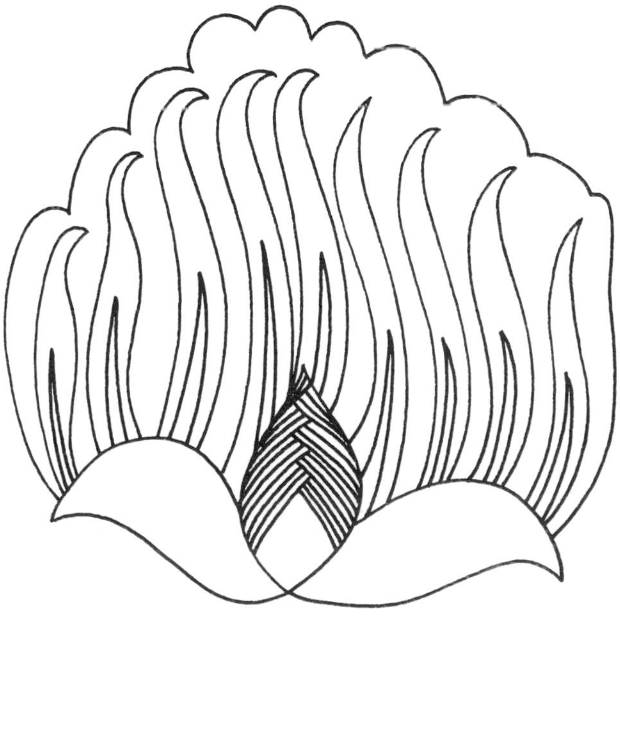

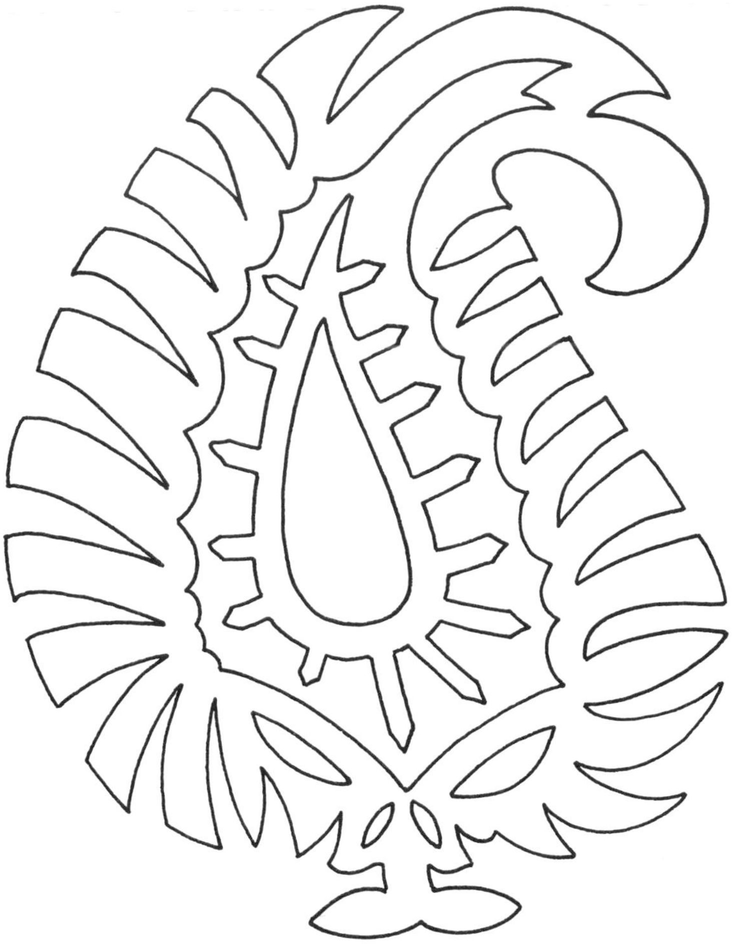

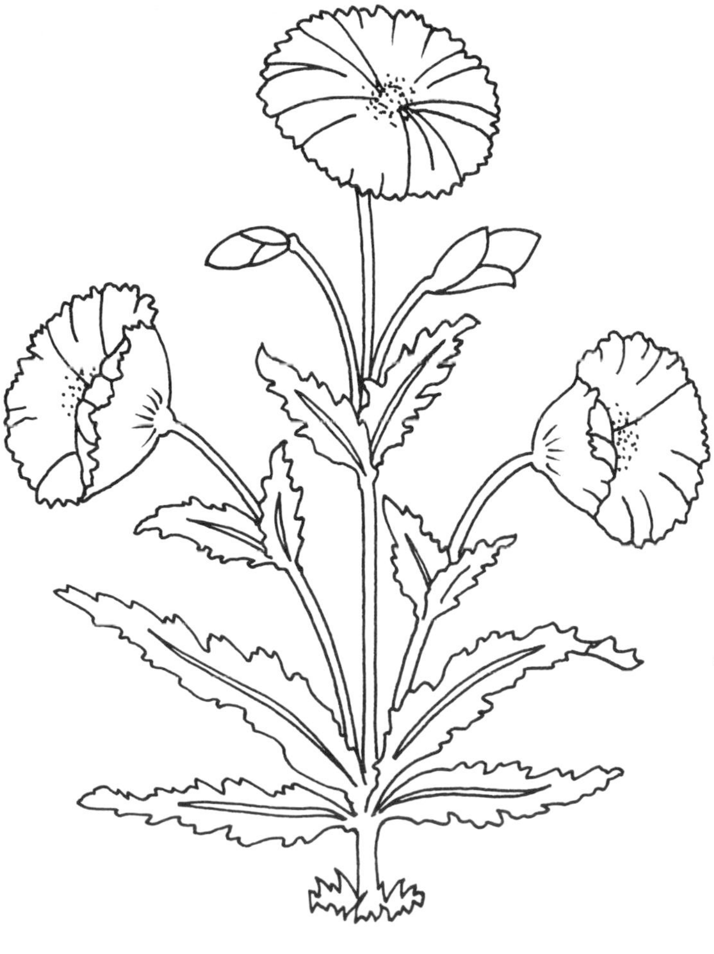

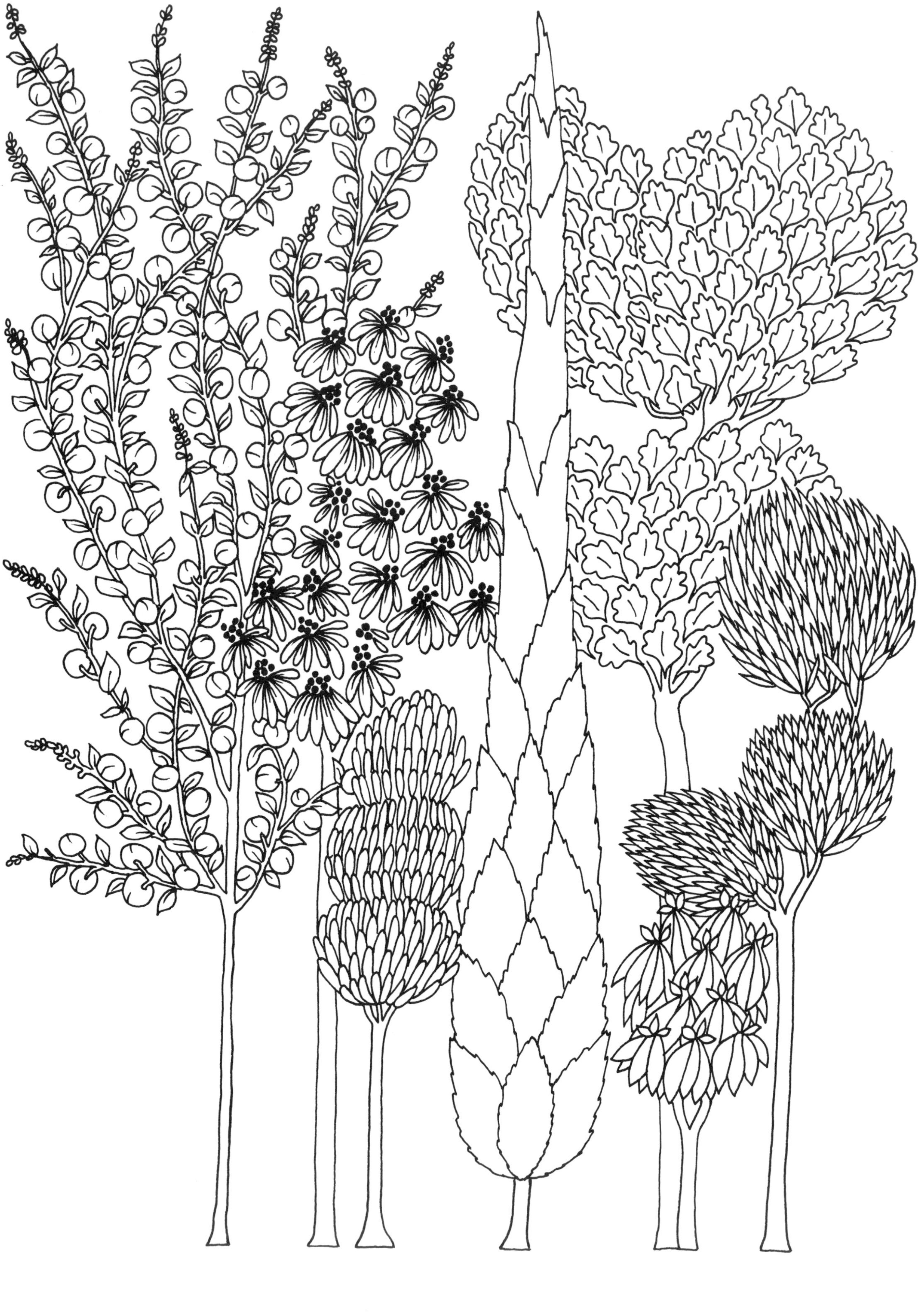

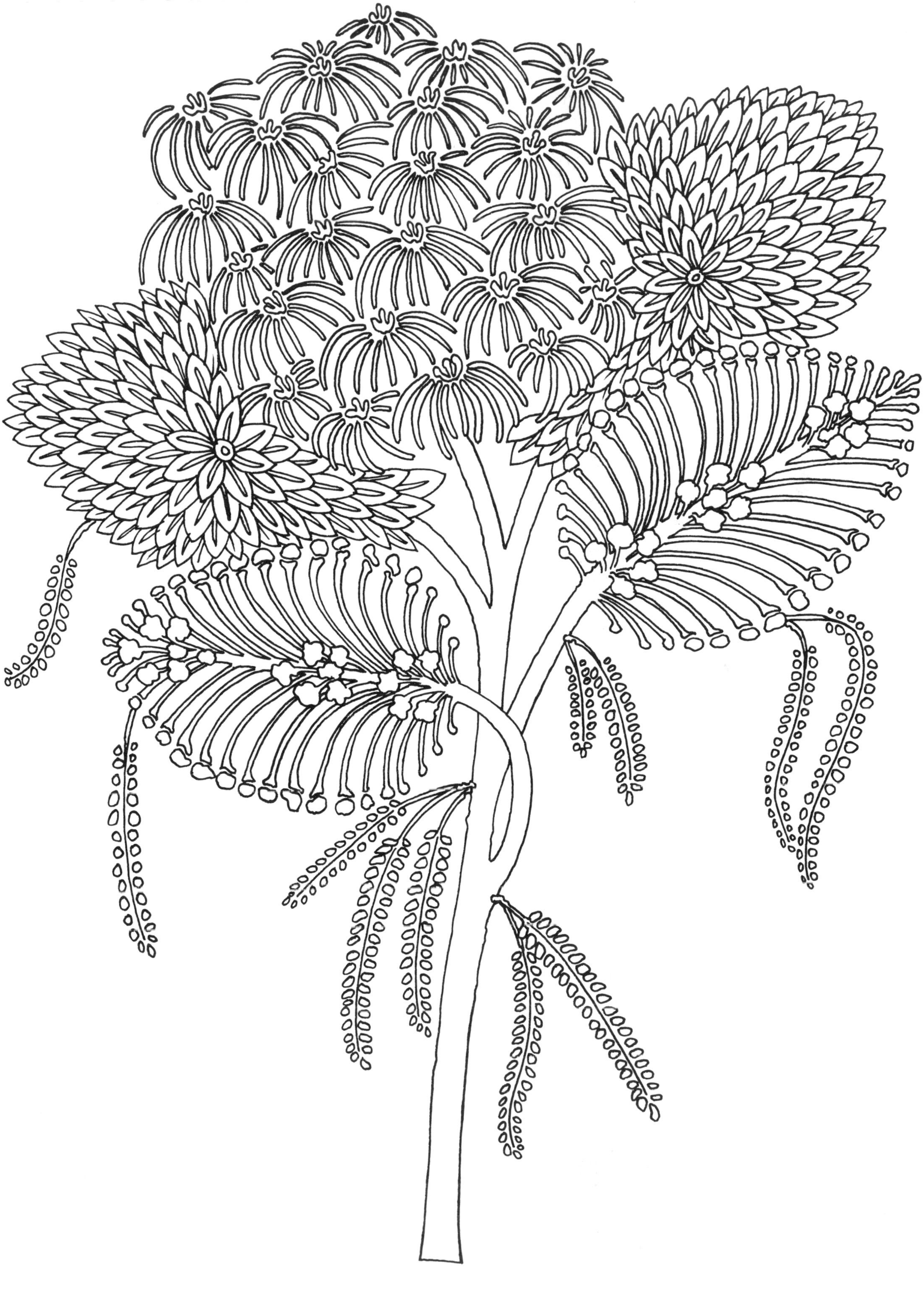

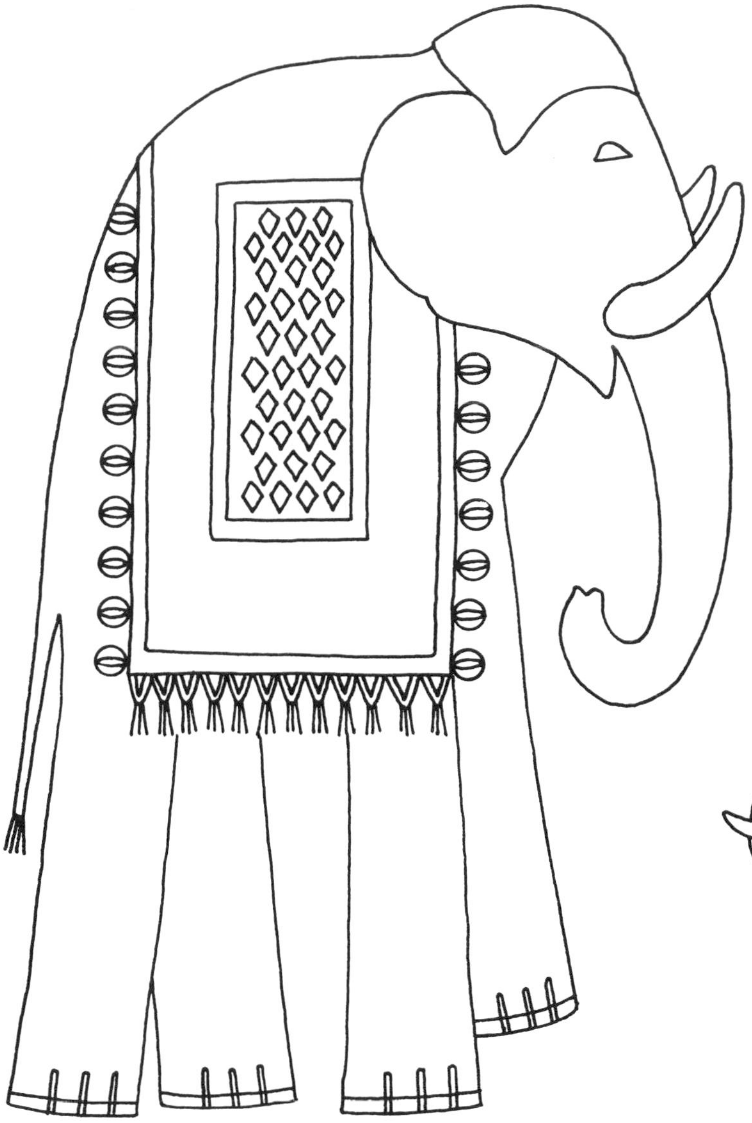

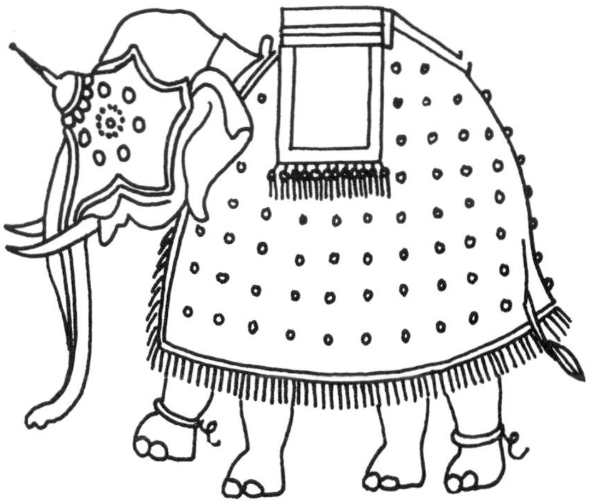

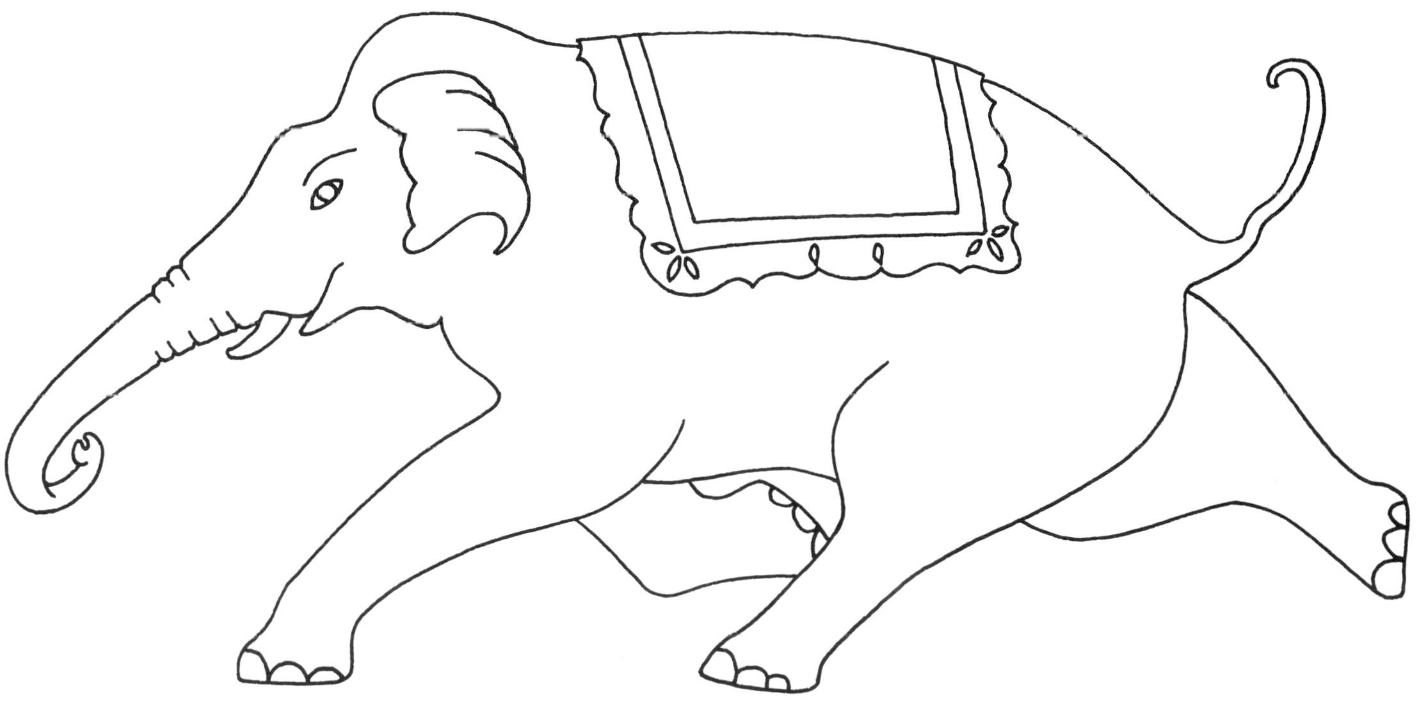

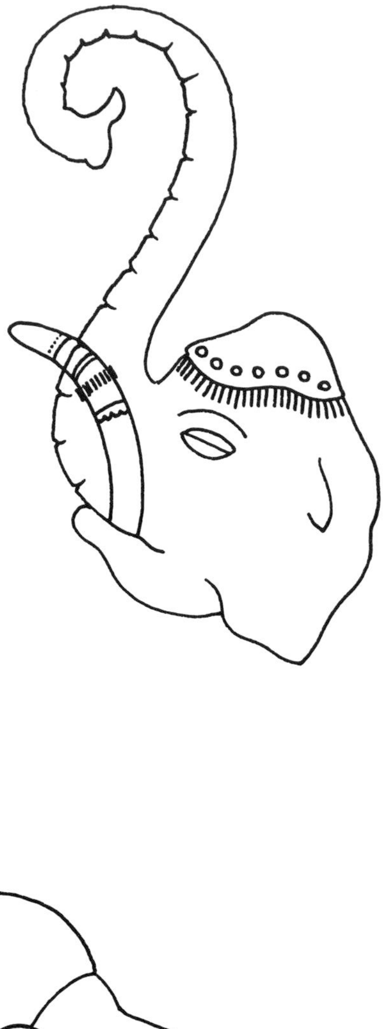

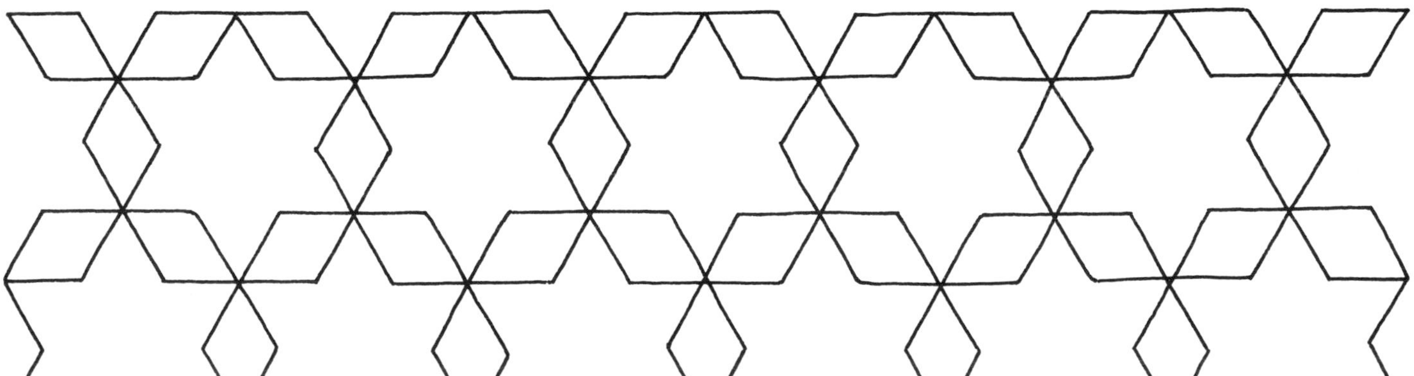

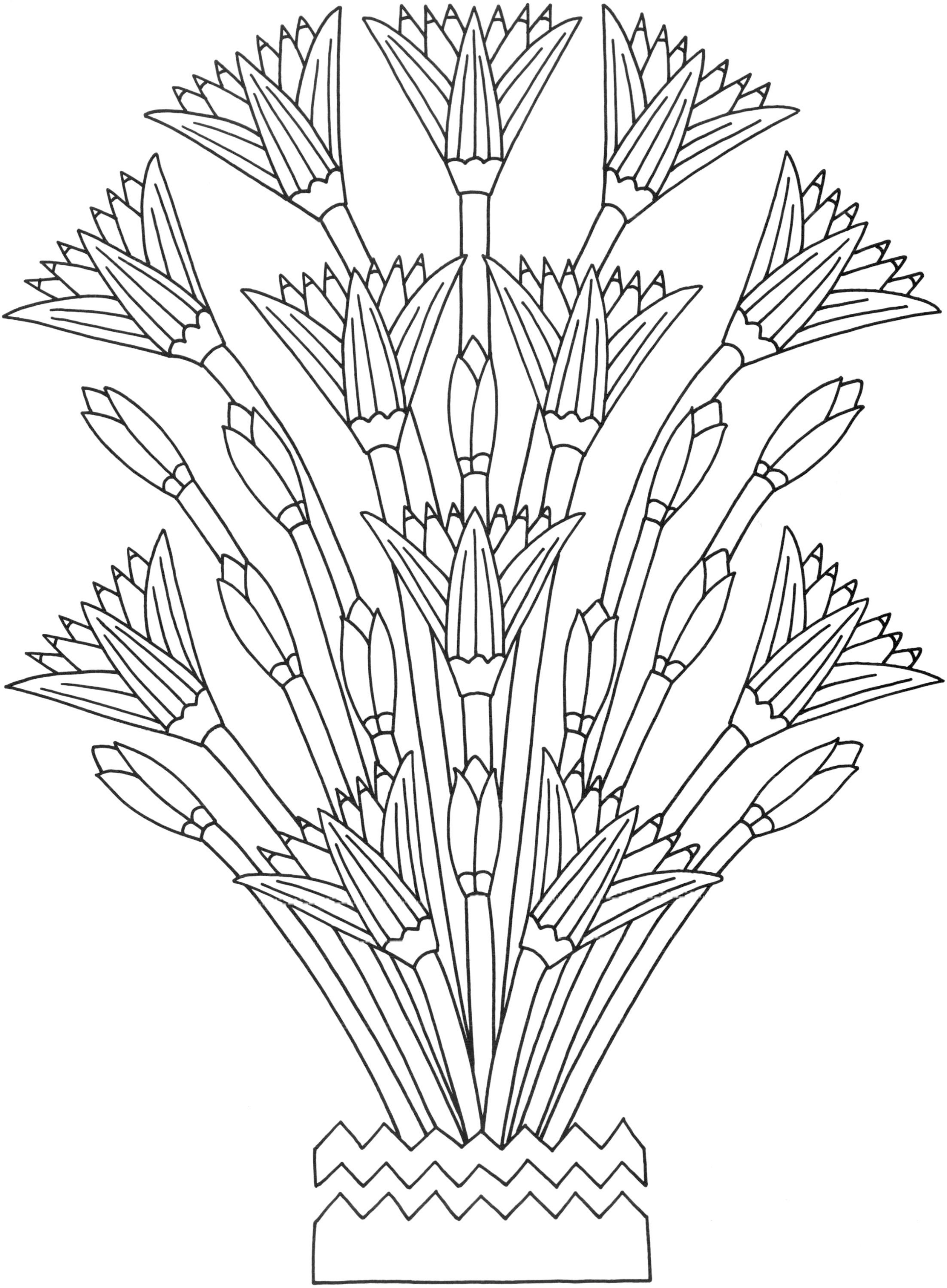

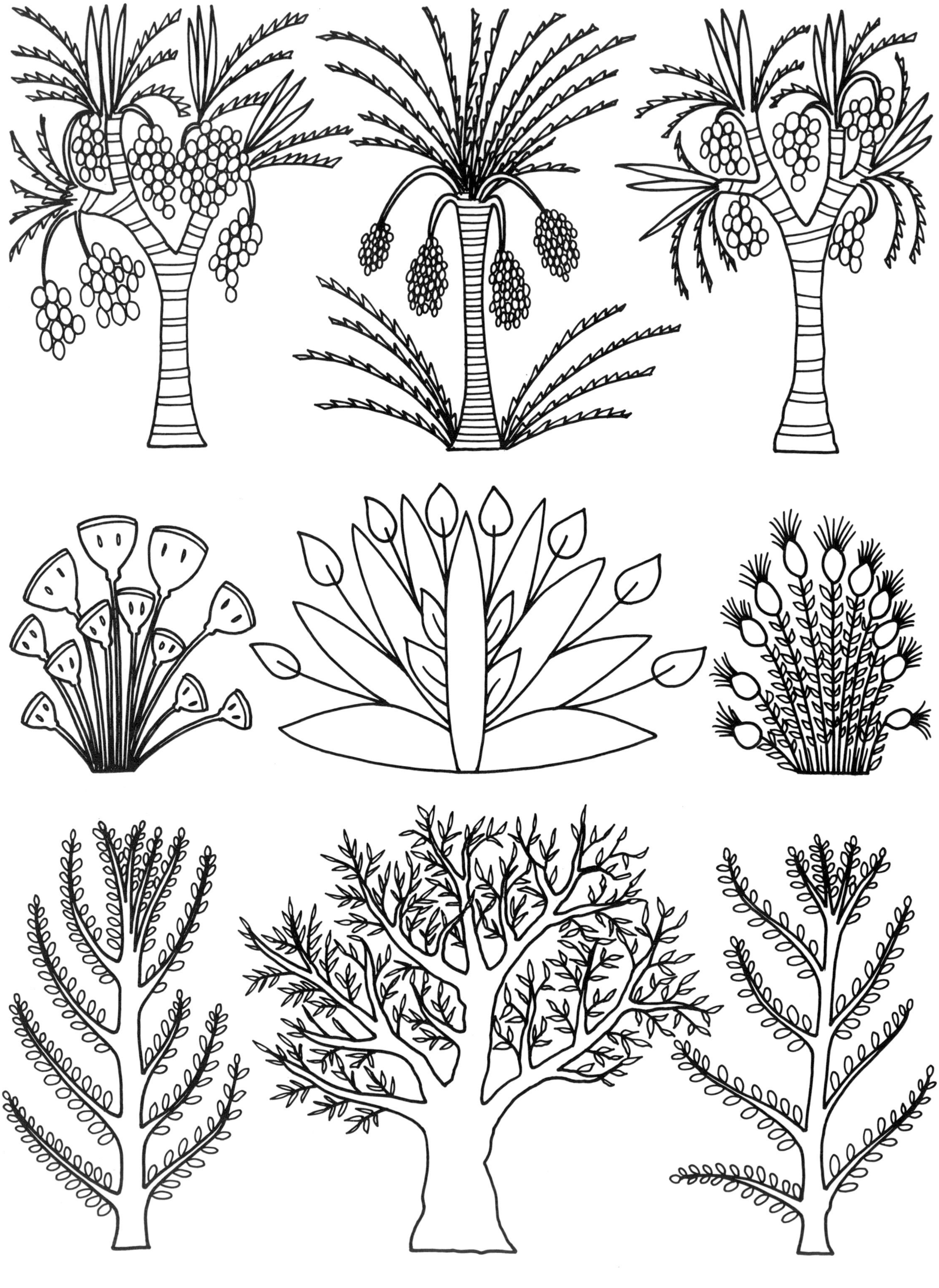

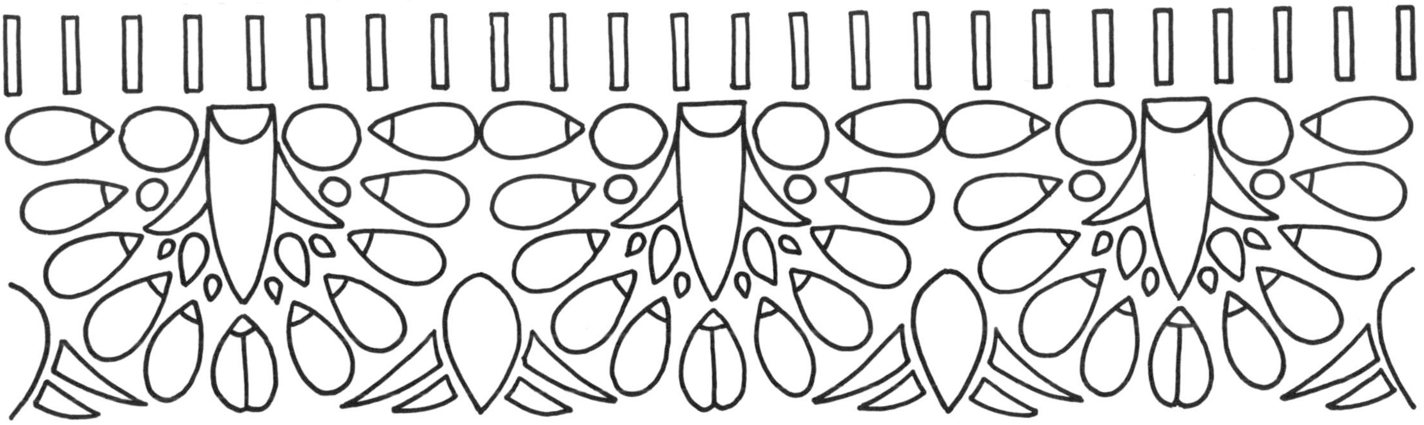

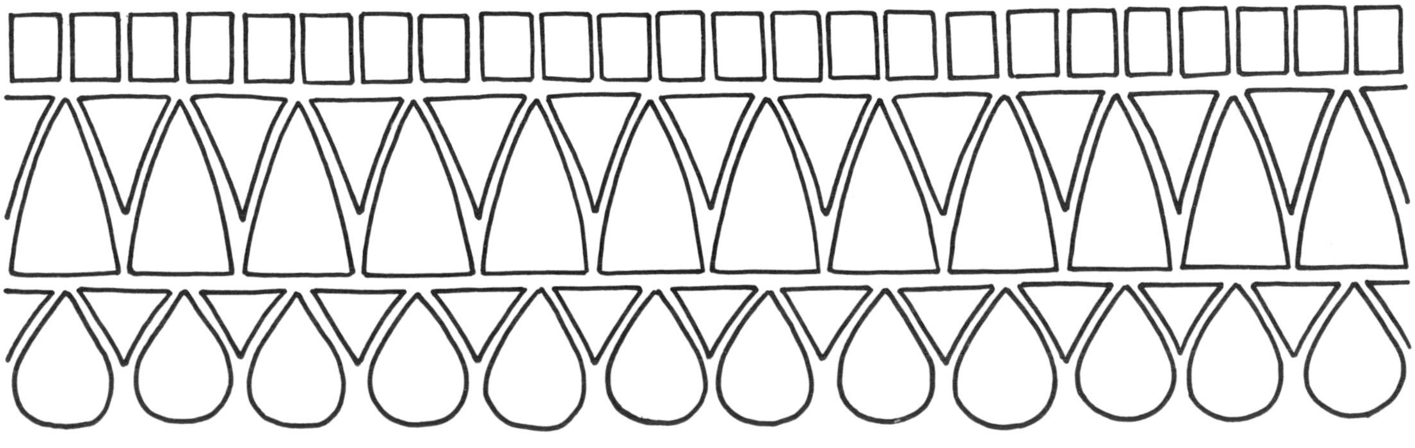

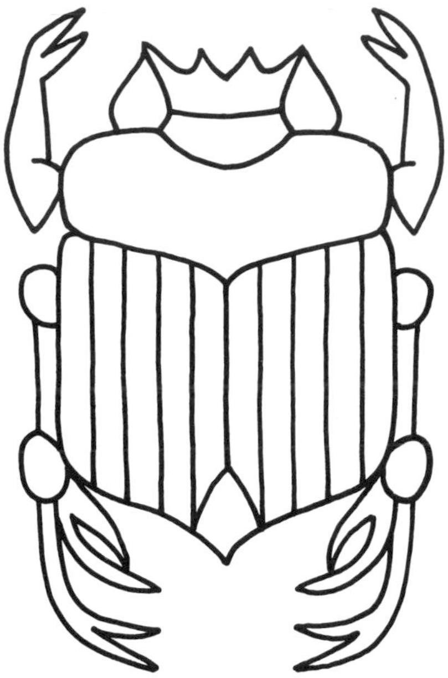

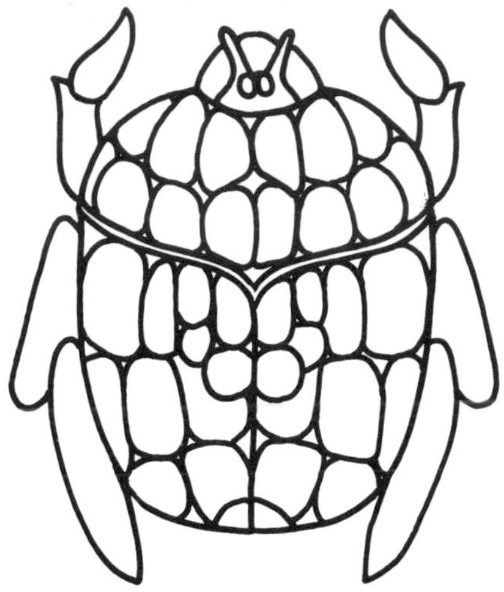

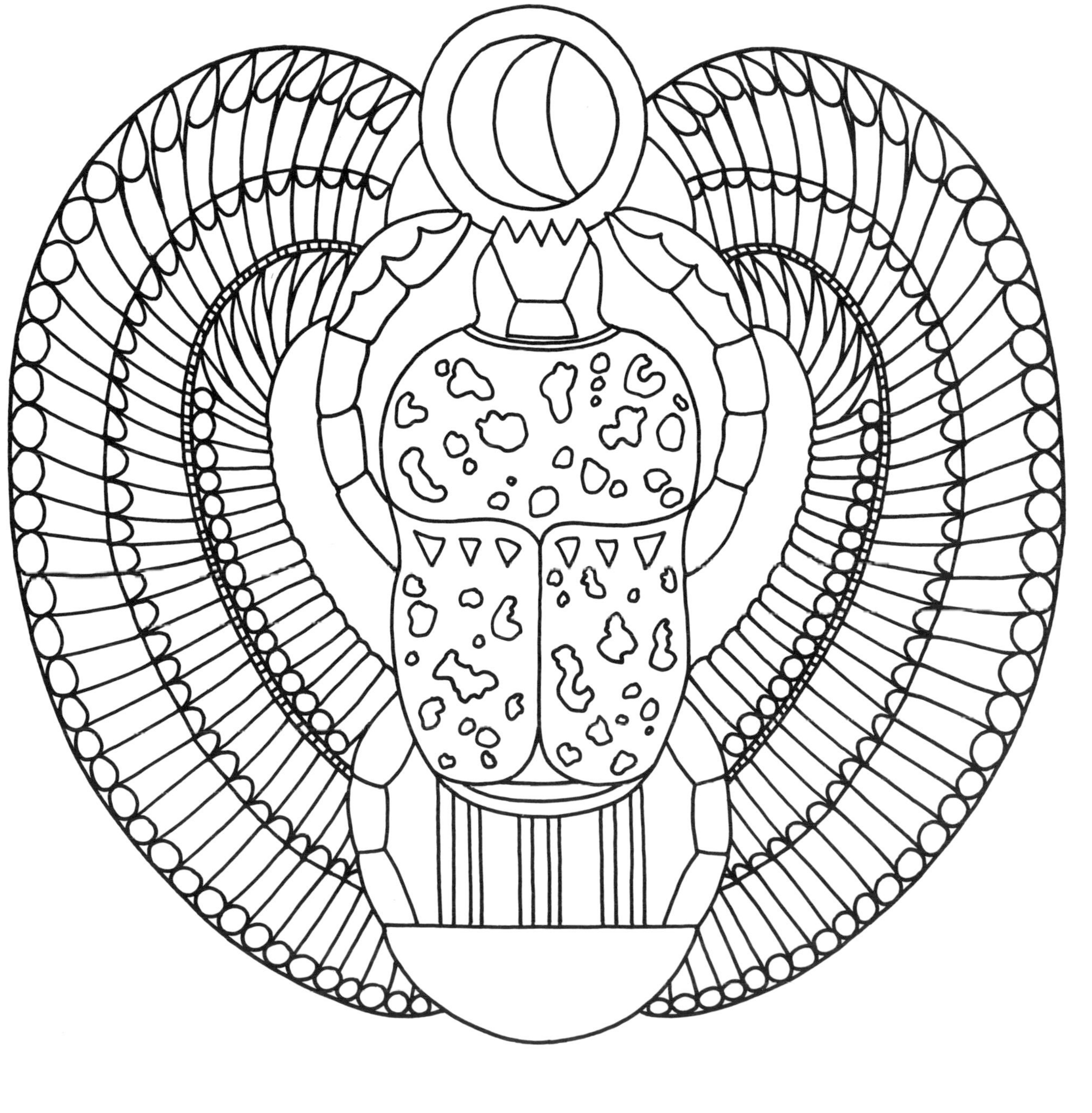

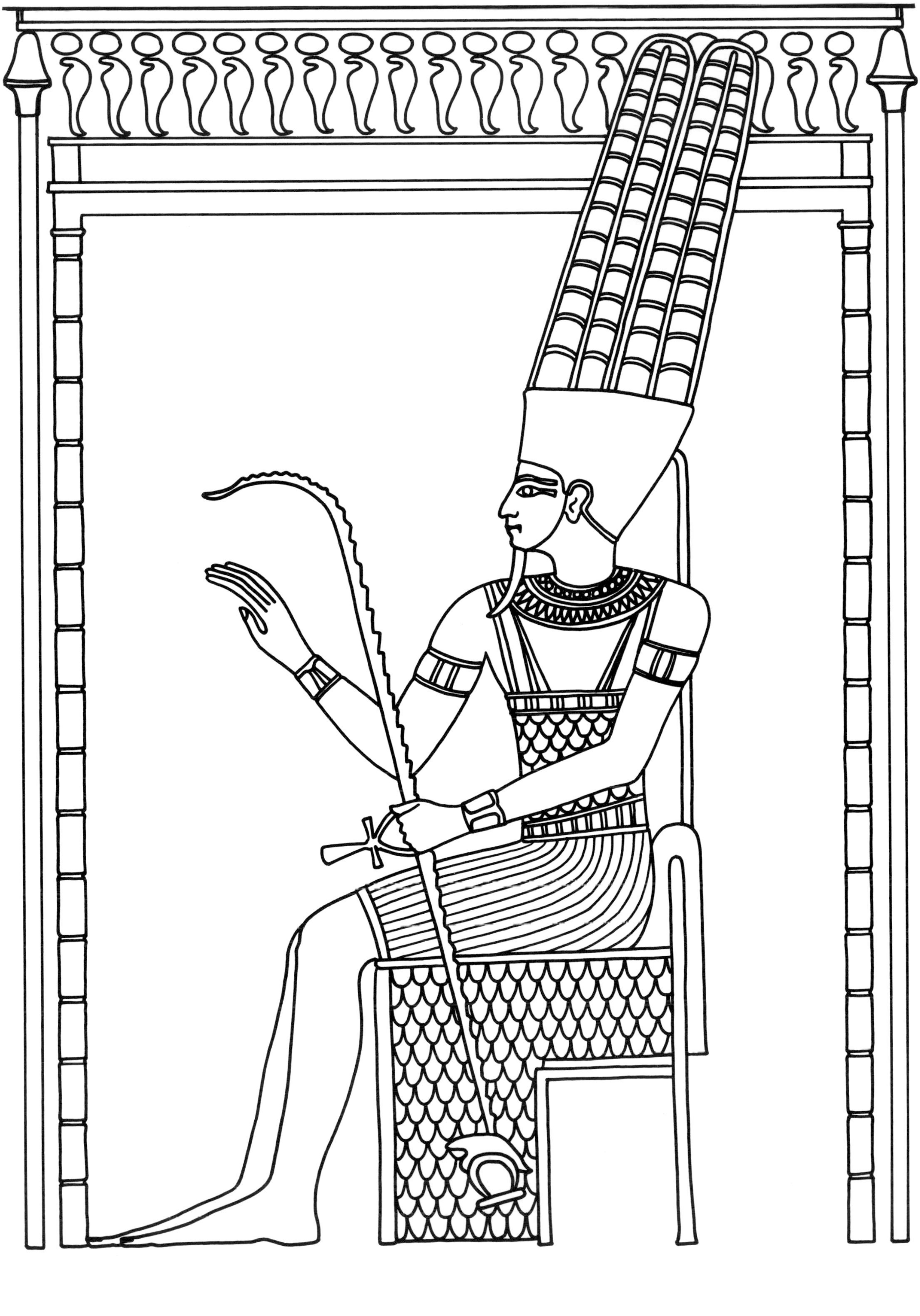

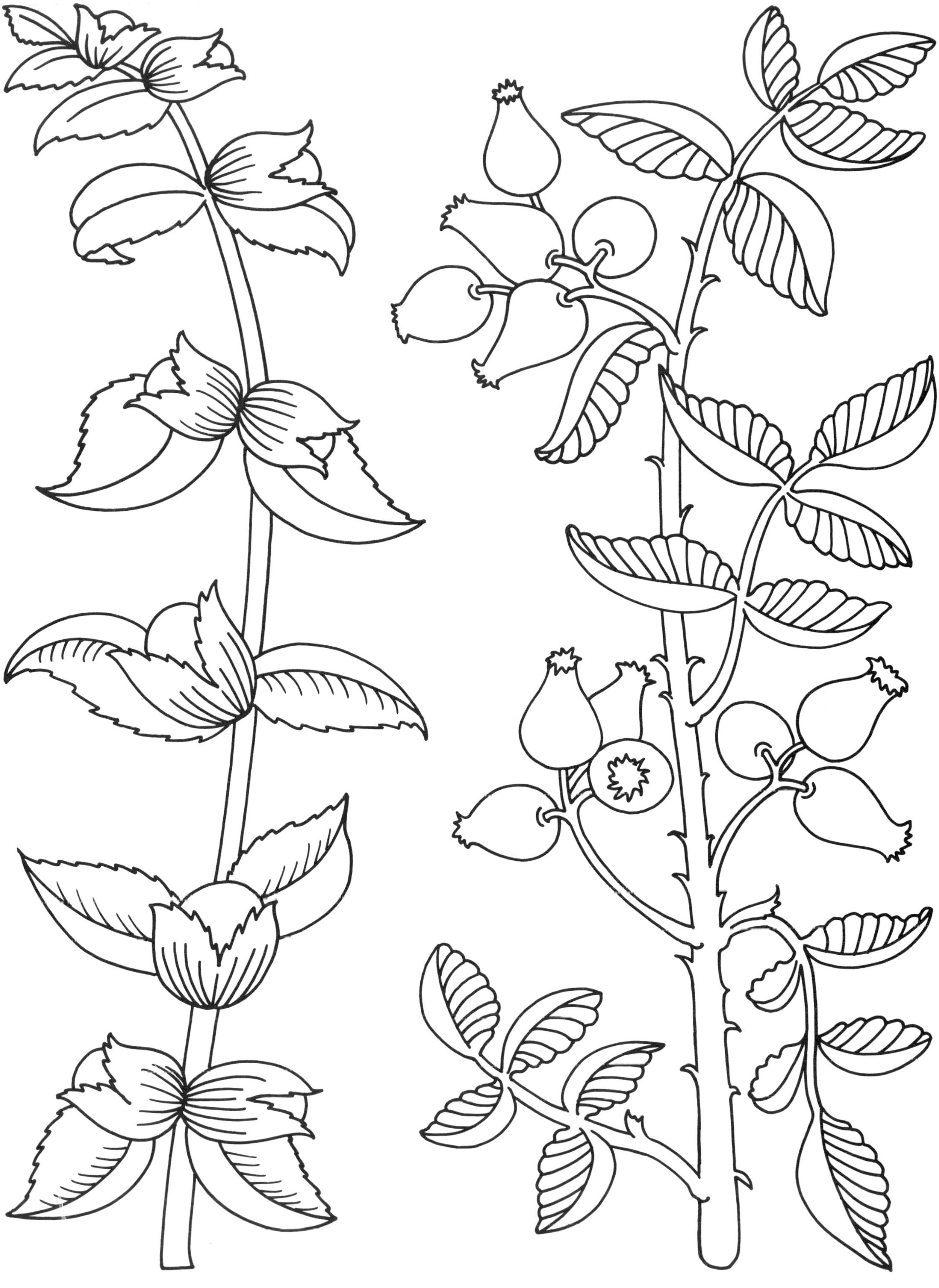

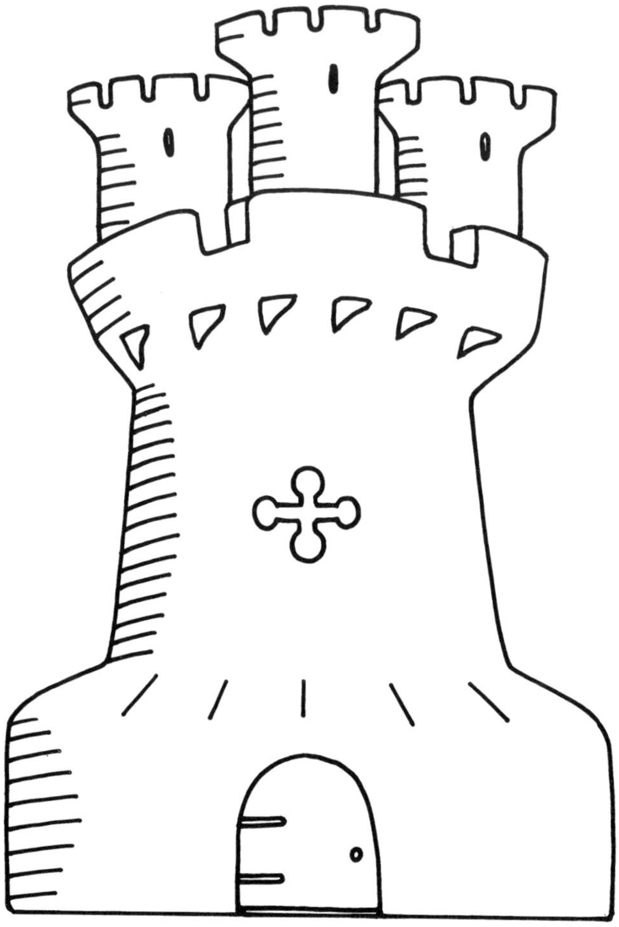

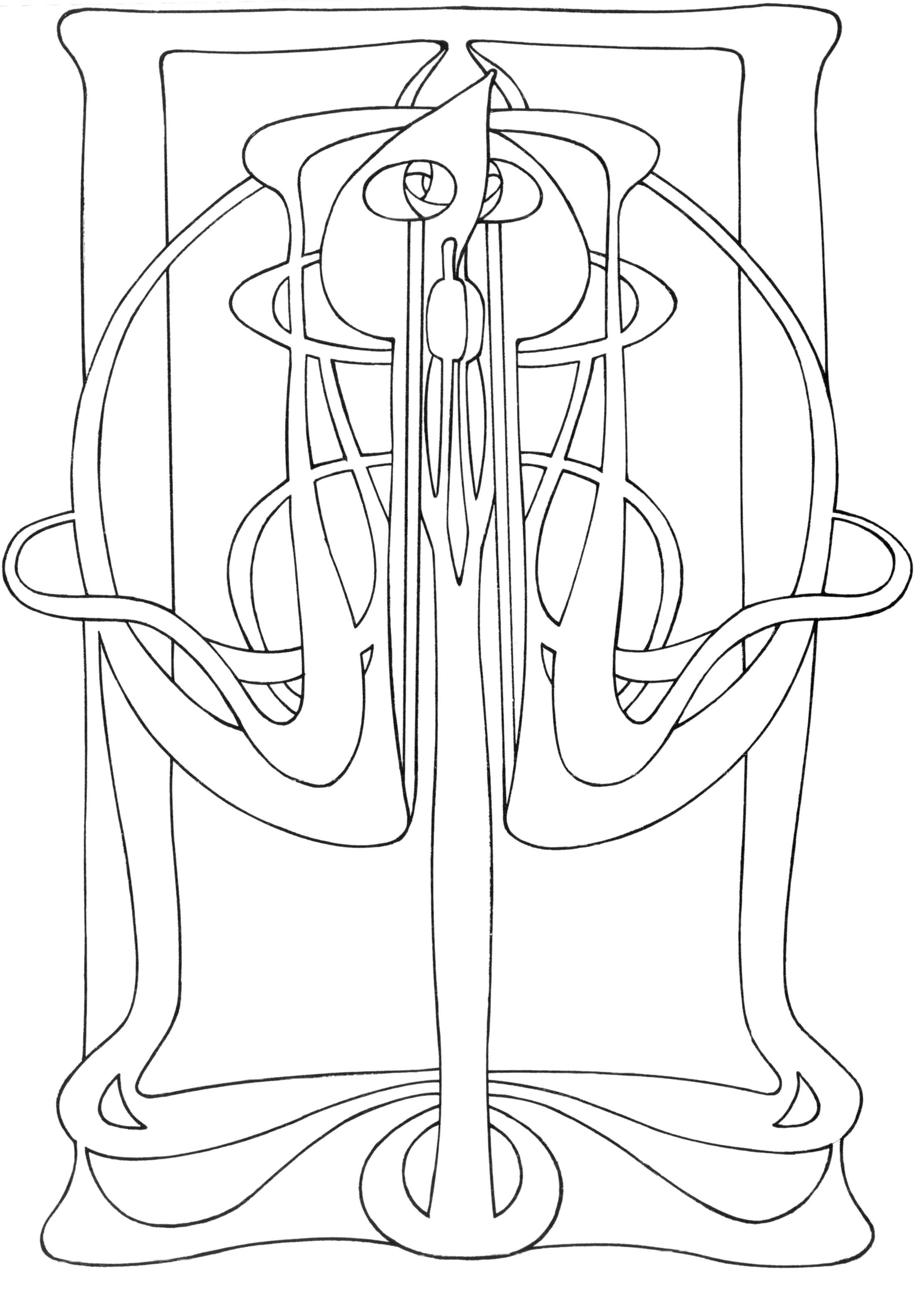

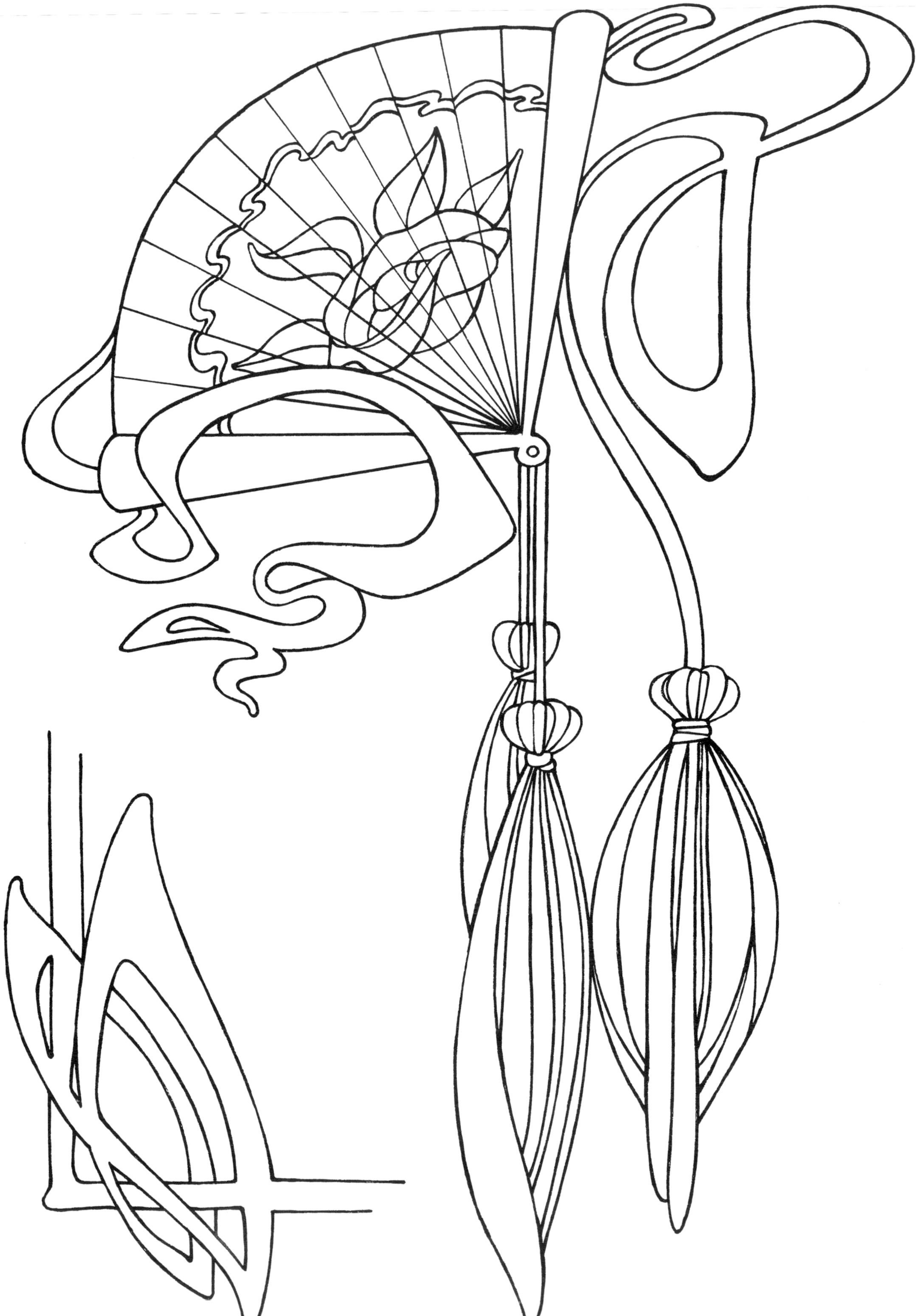

ink

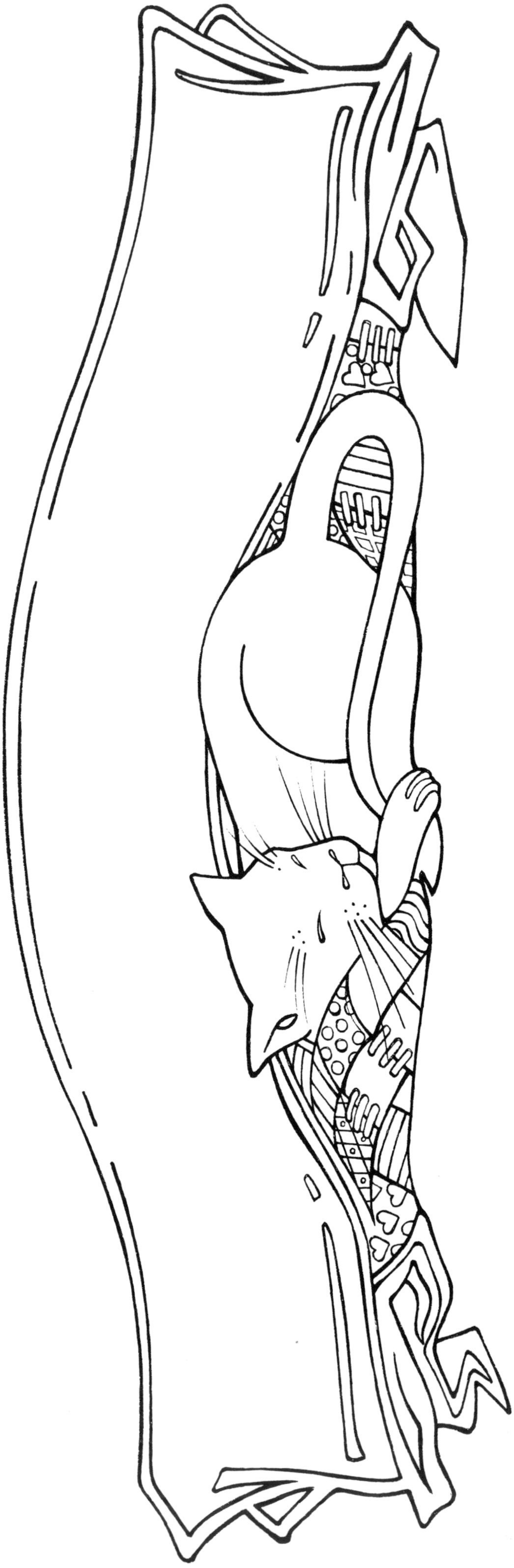

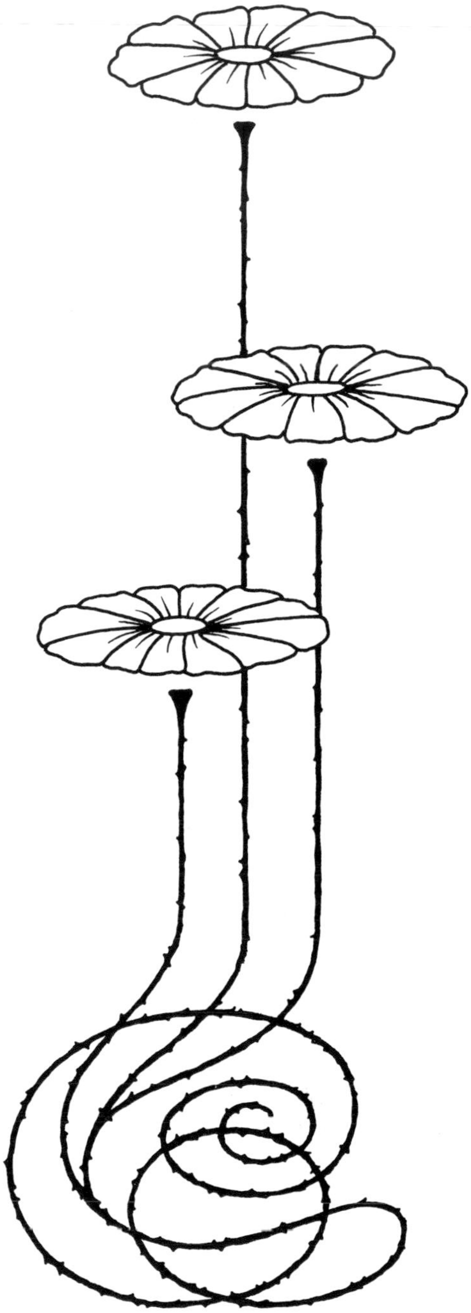

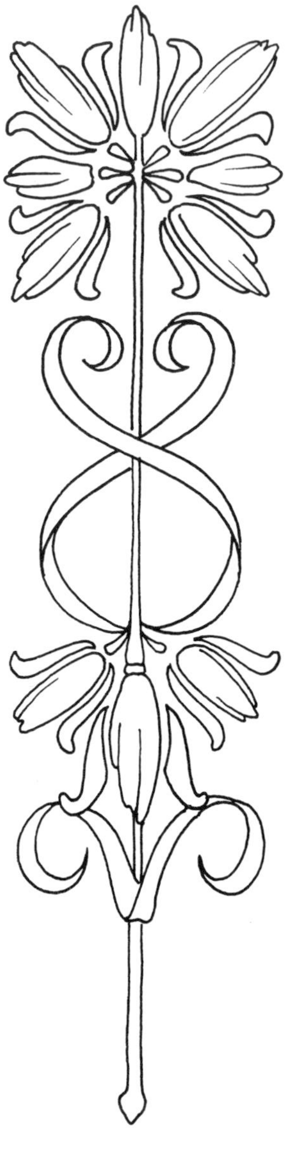

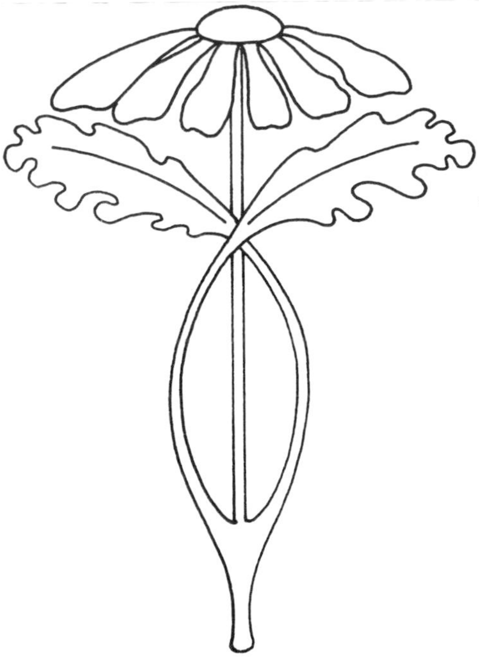
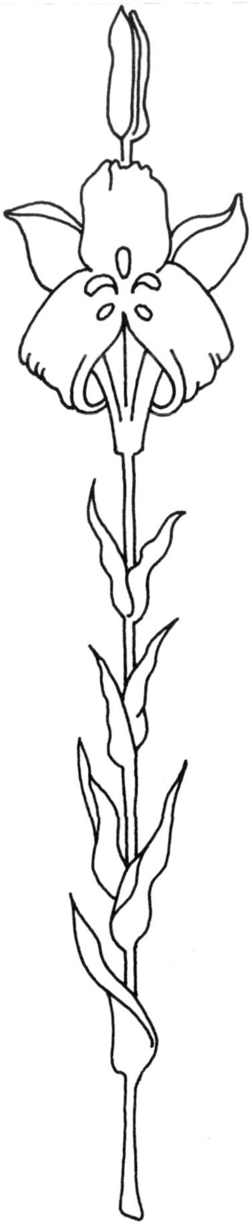

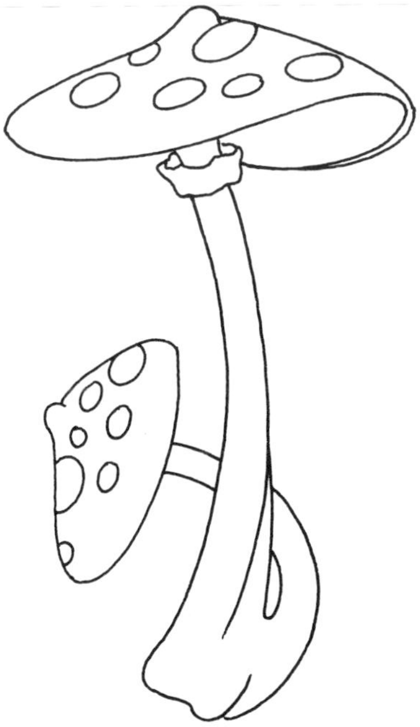

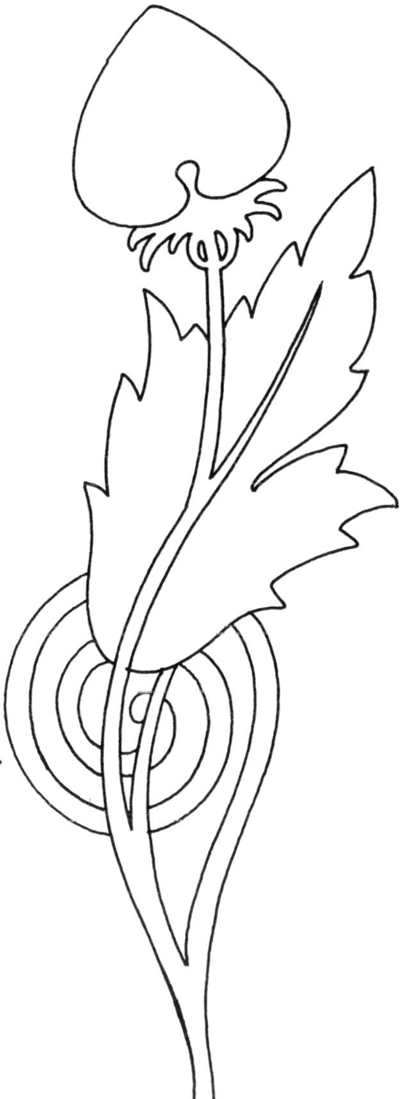

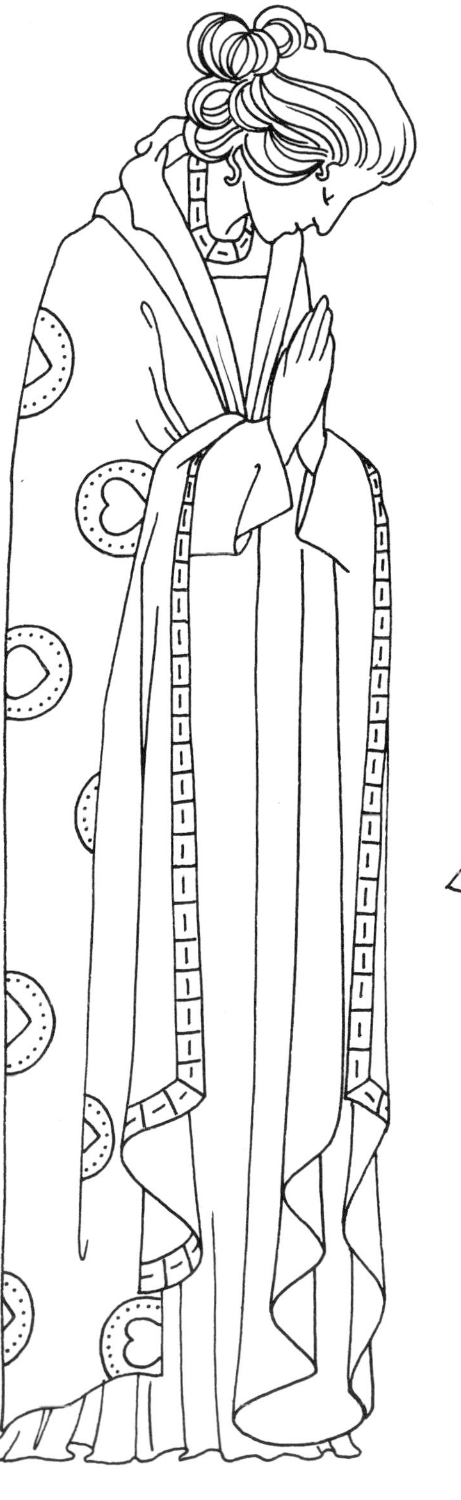

A
B
C
D
E
F
G
H
I

J K L
M N O
P Q R

S T U
V W X
Y Z

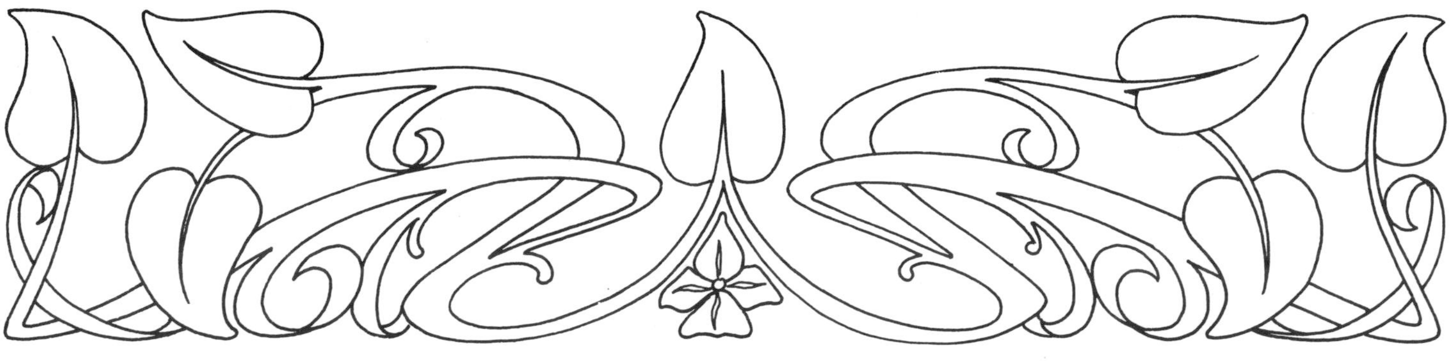

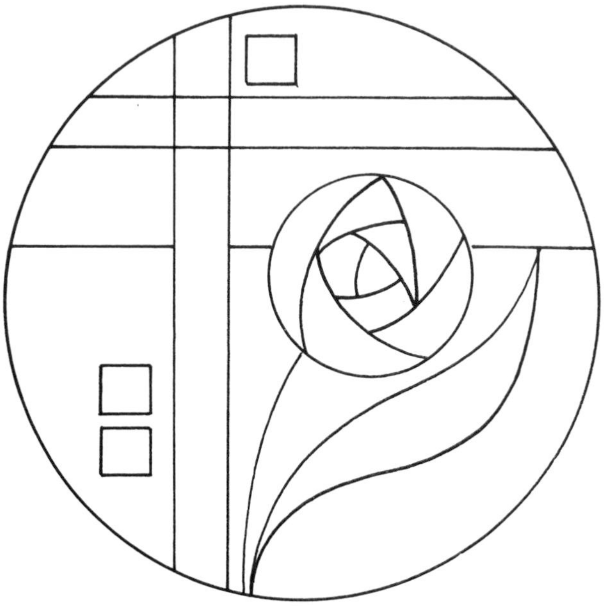

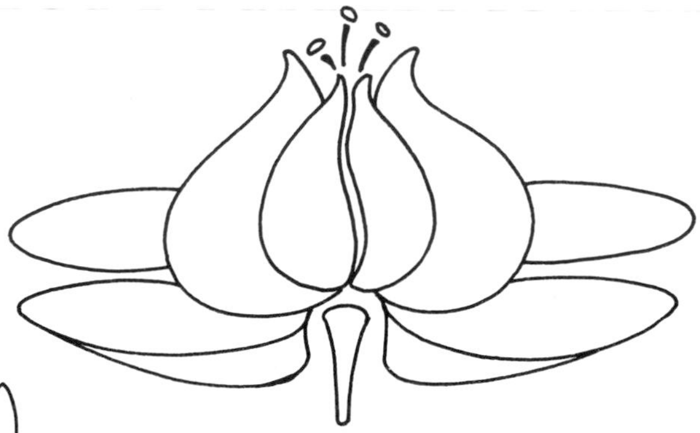

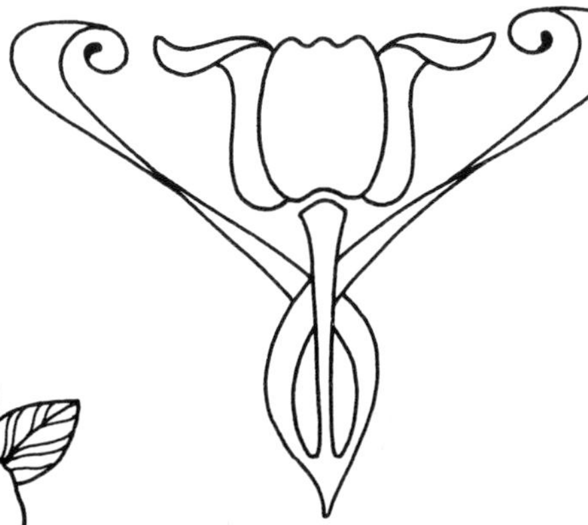

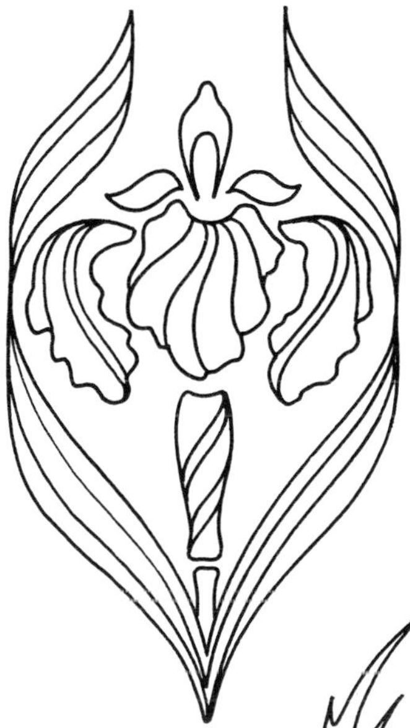

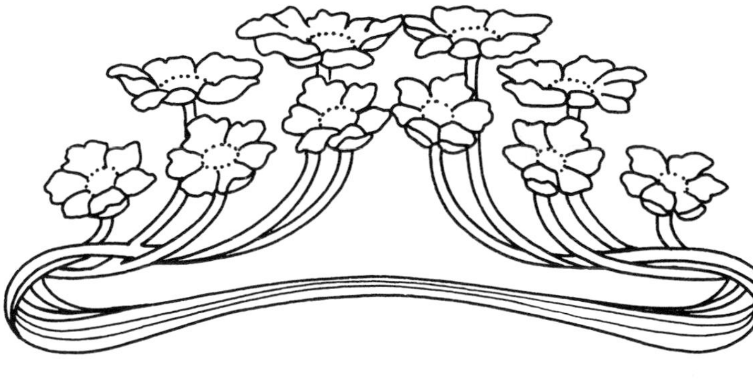

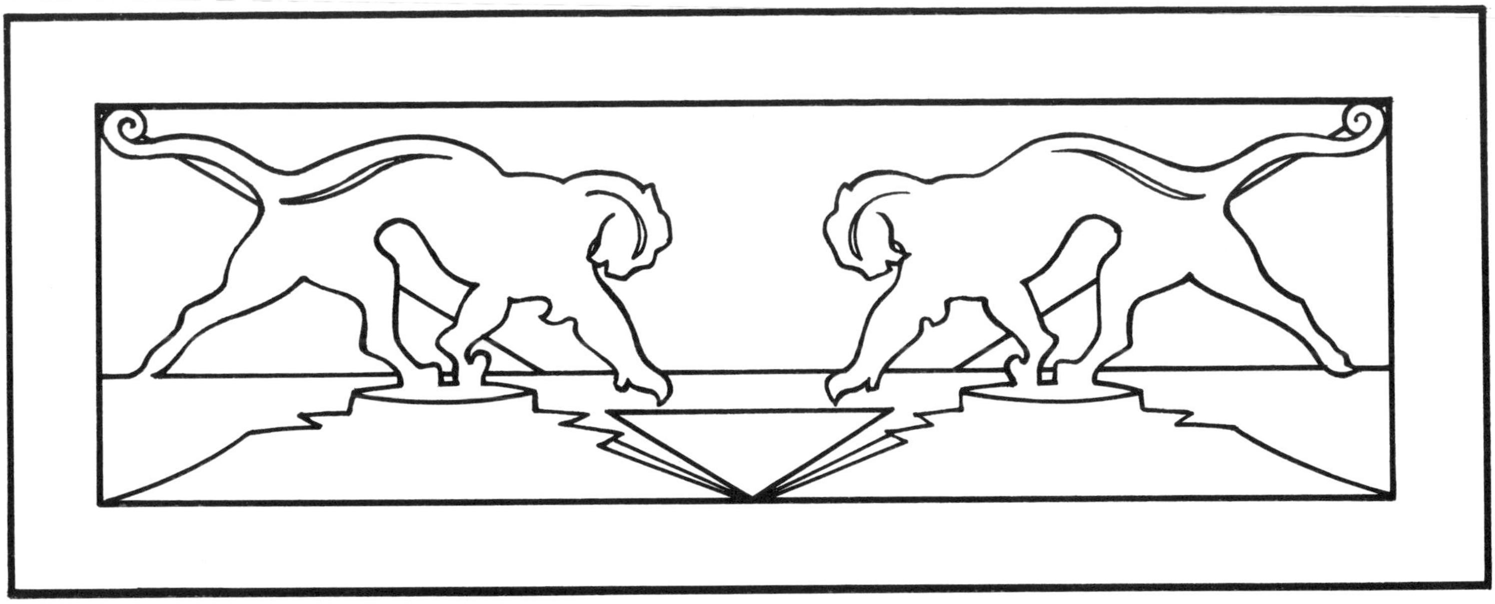

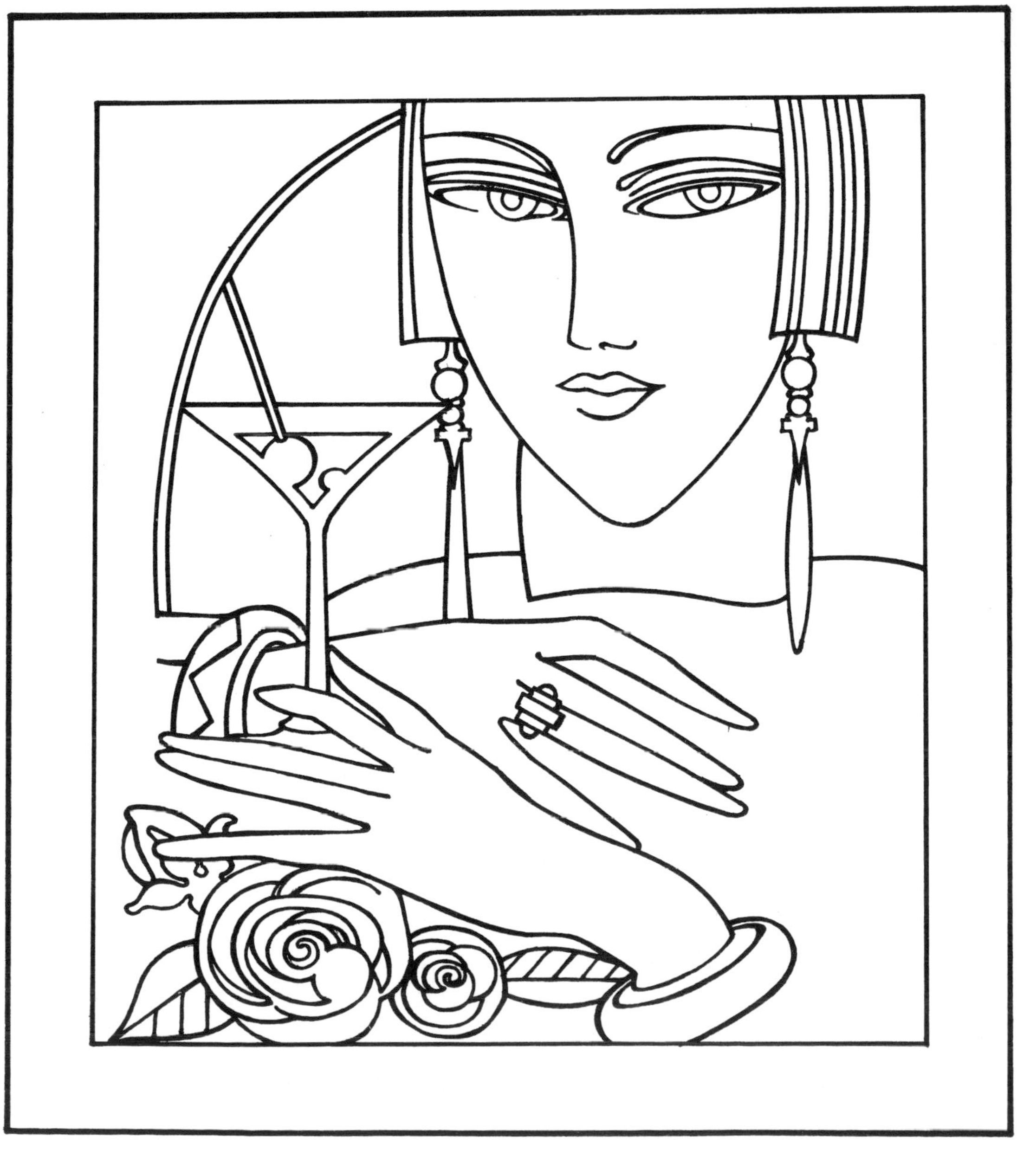

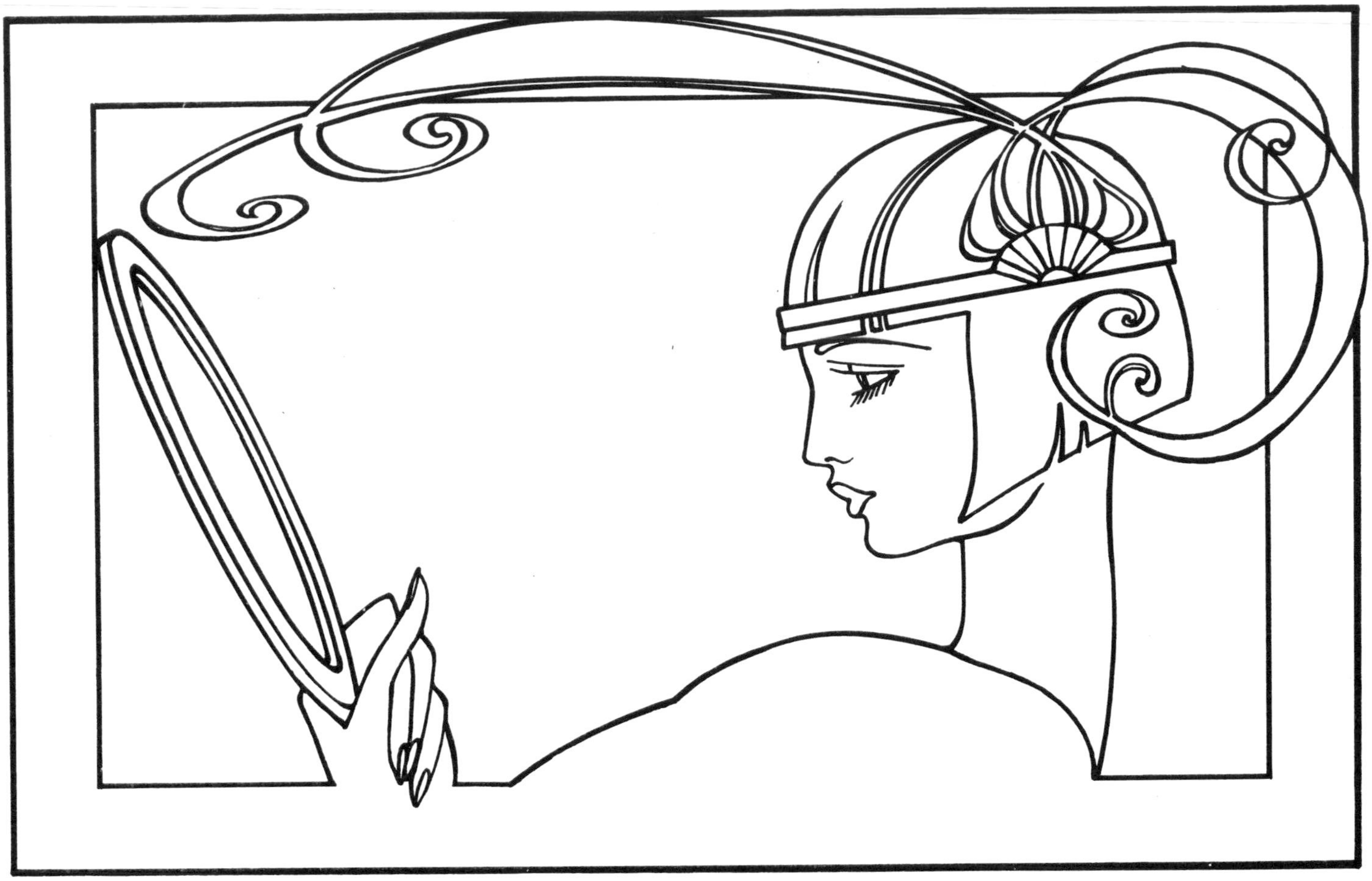

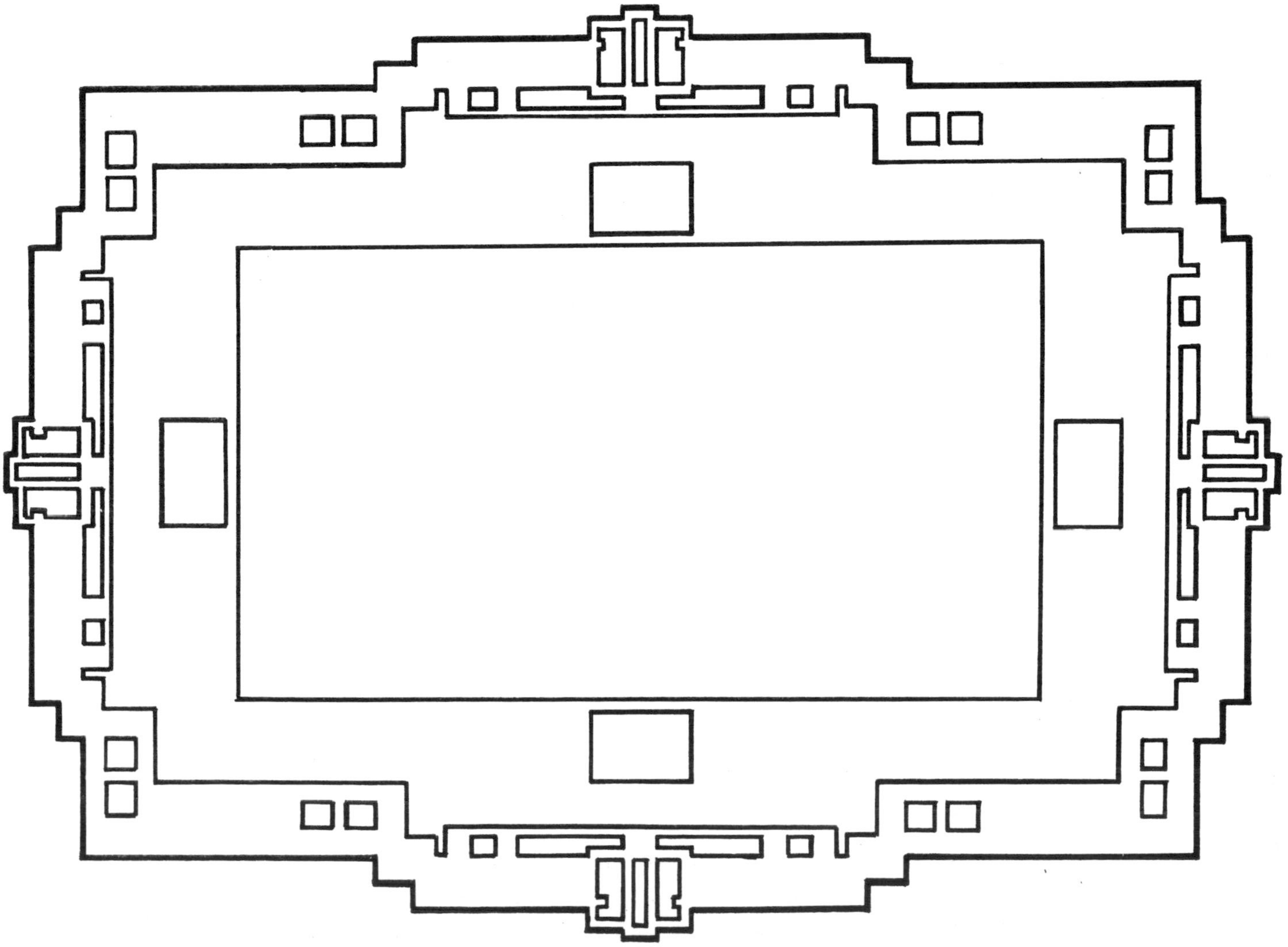

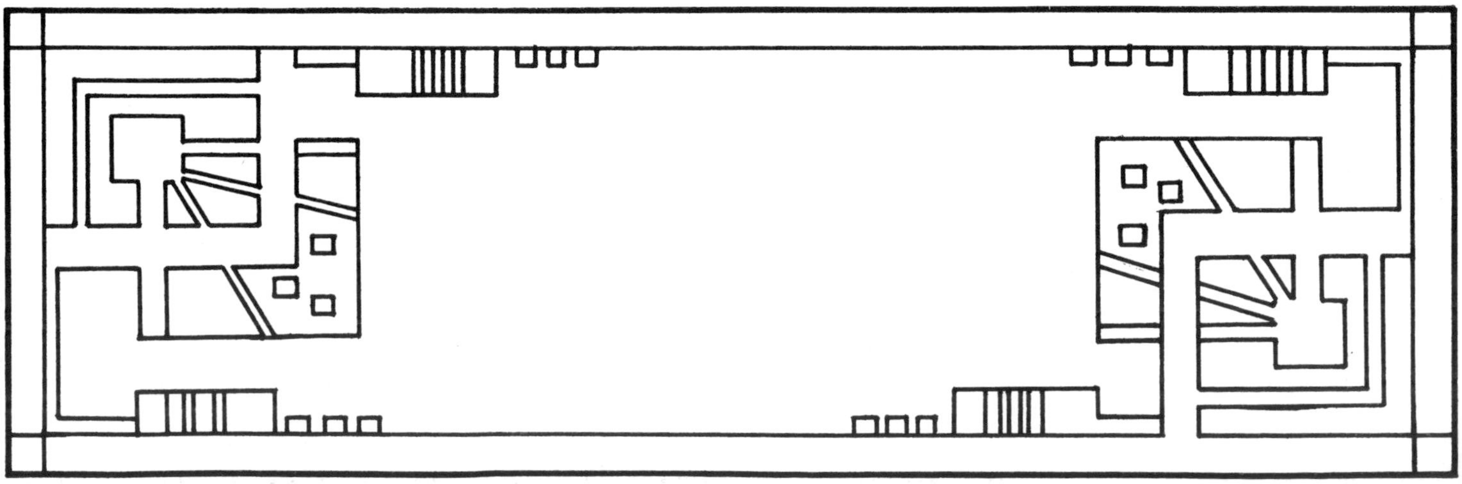

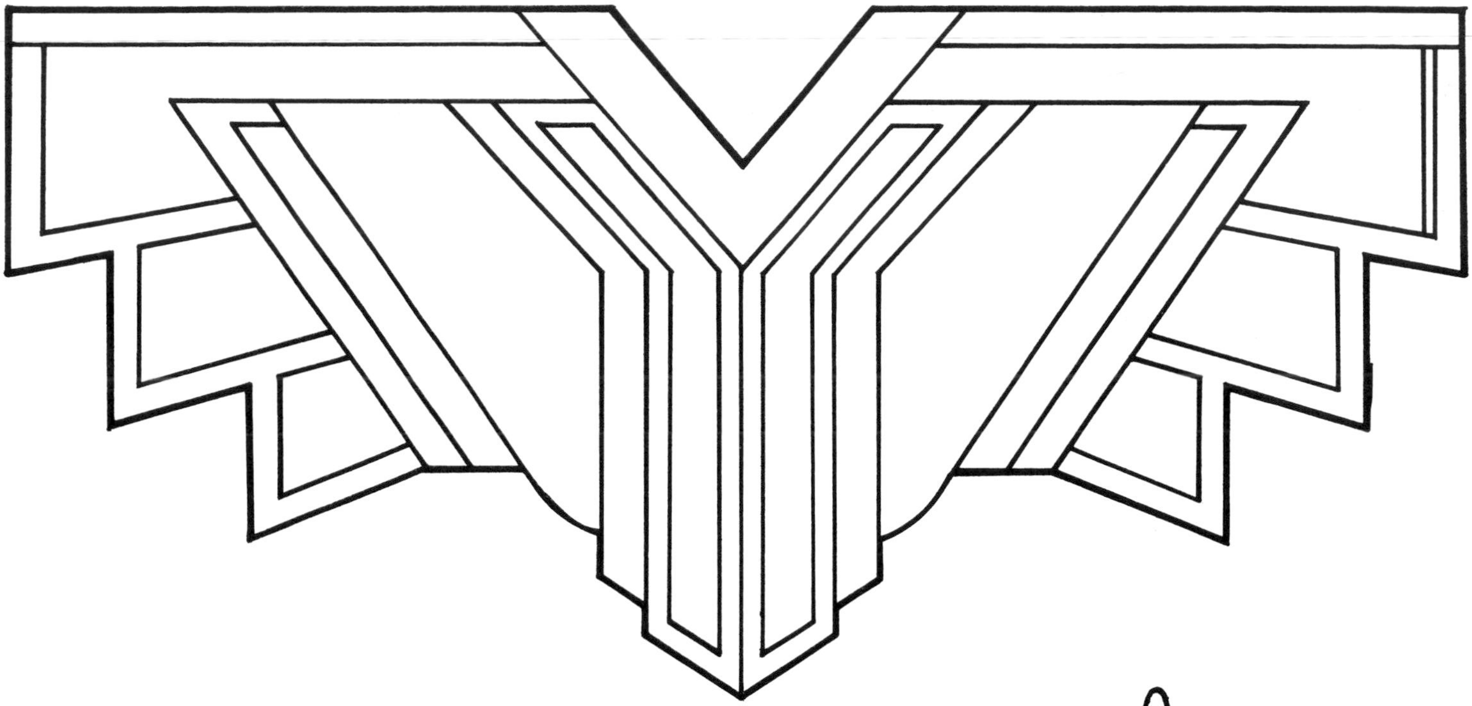

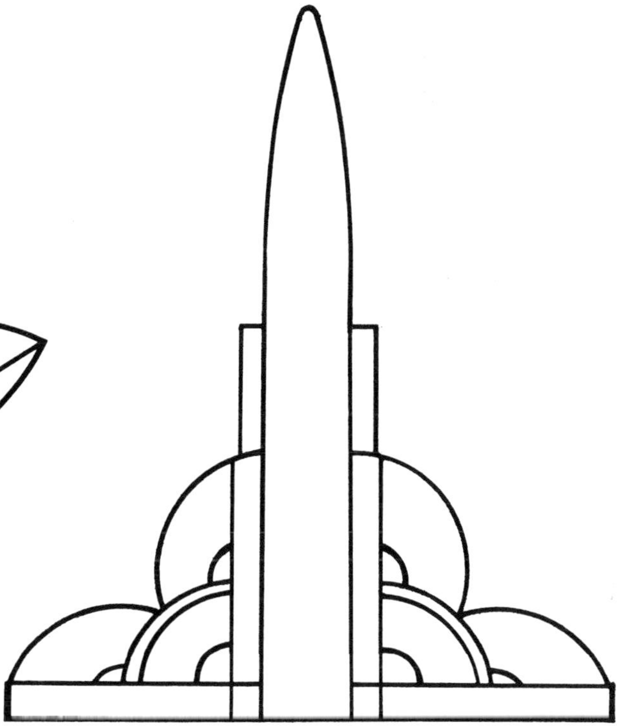

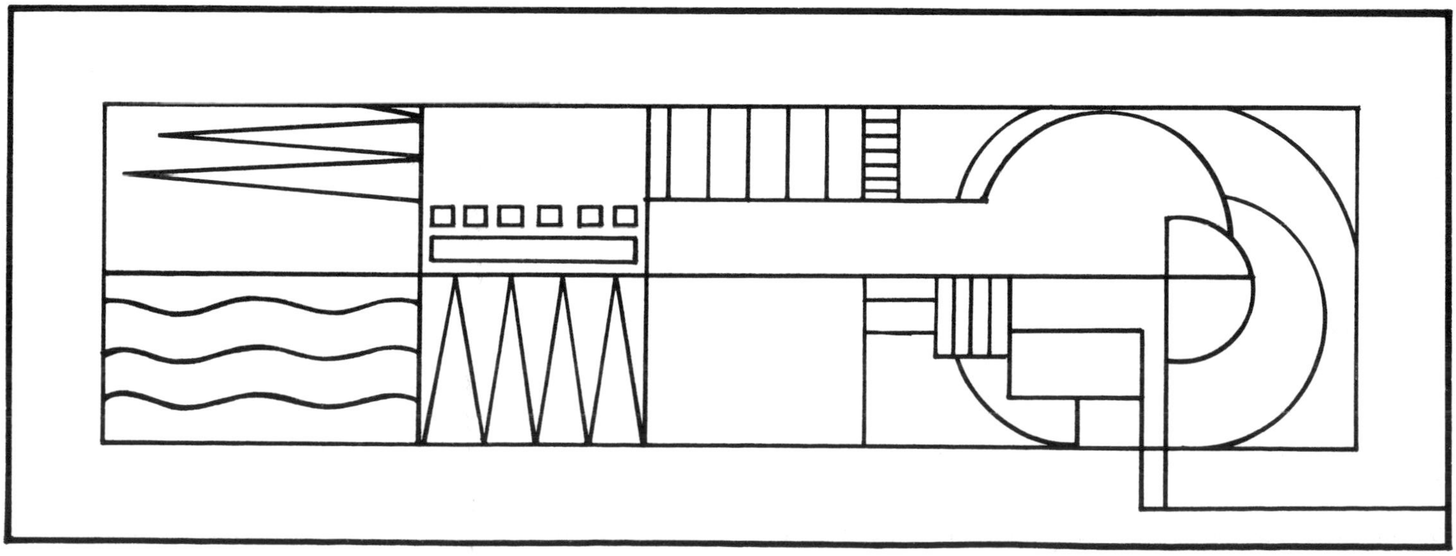

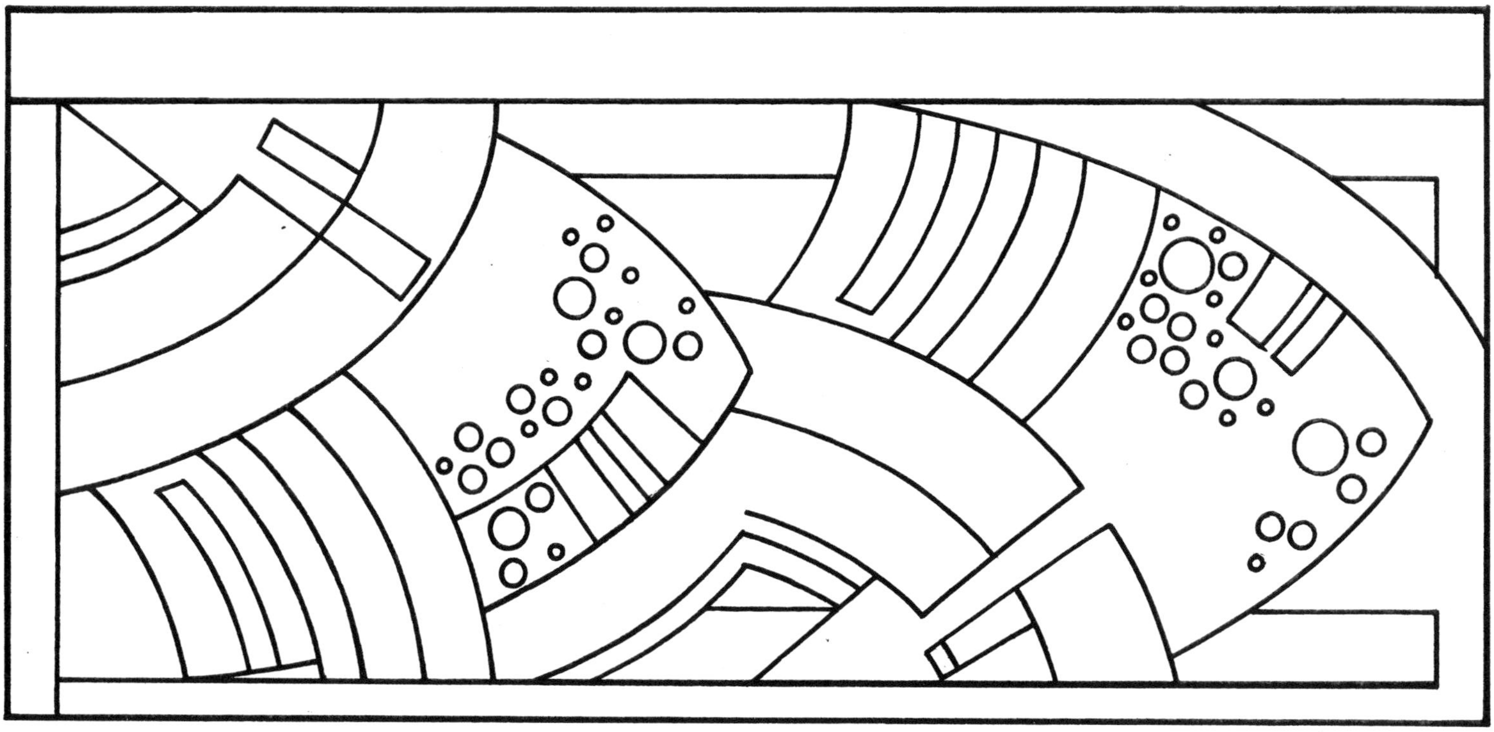

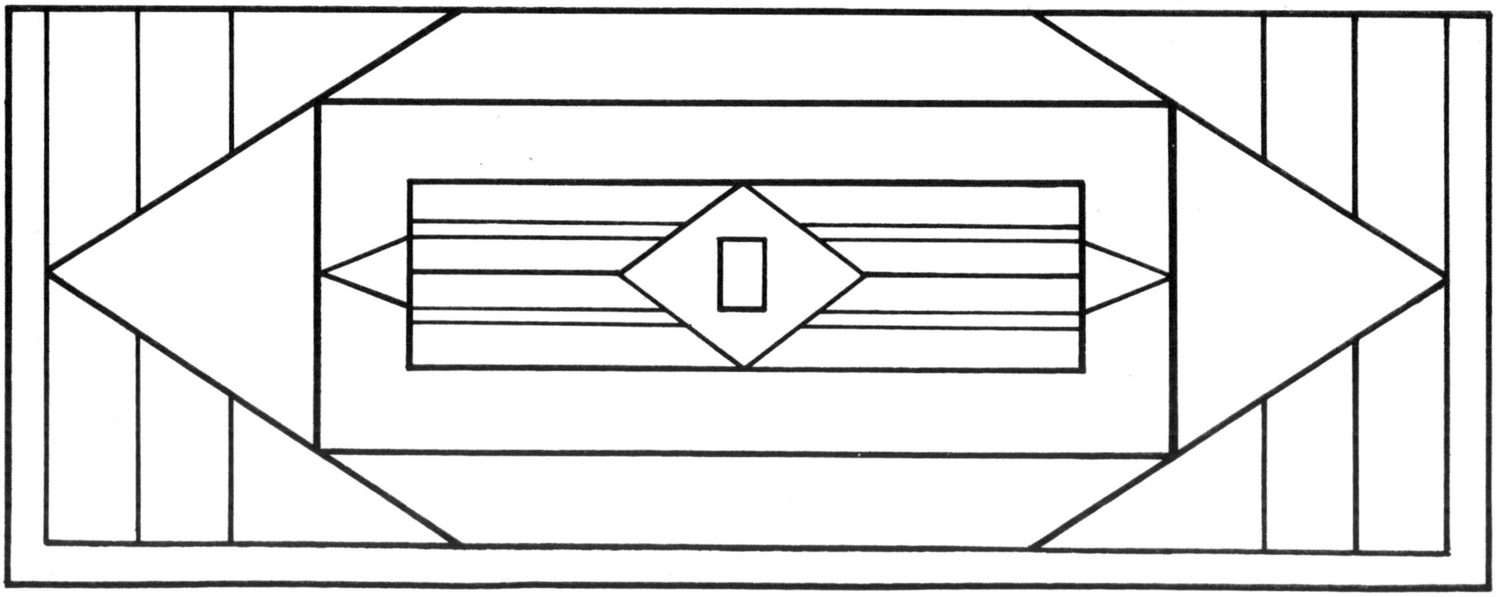

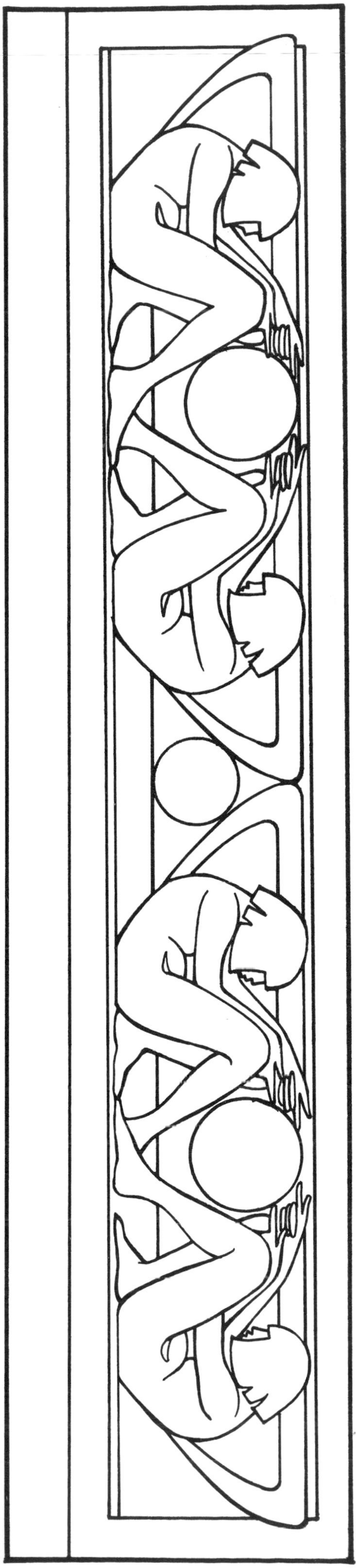

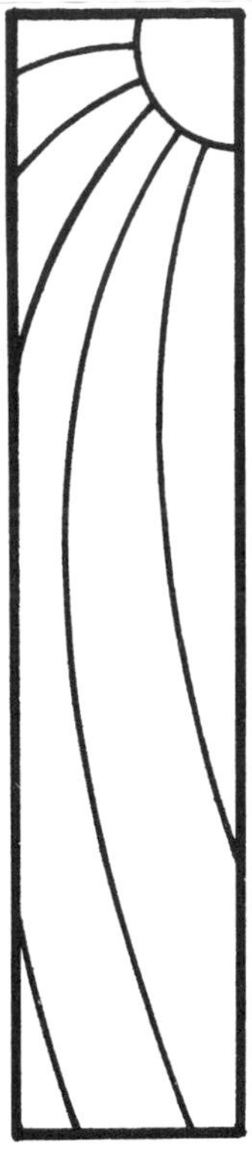

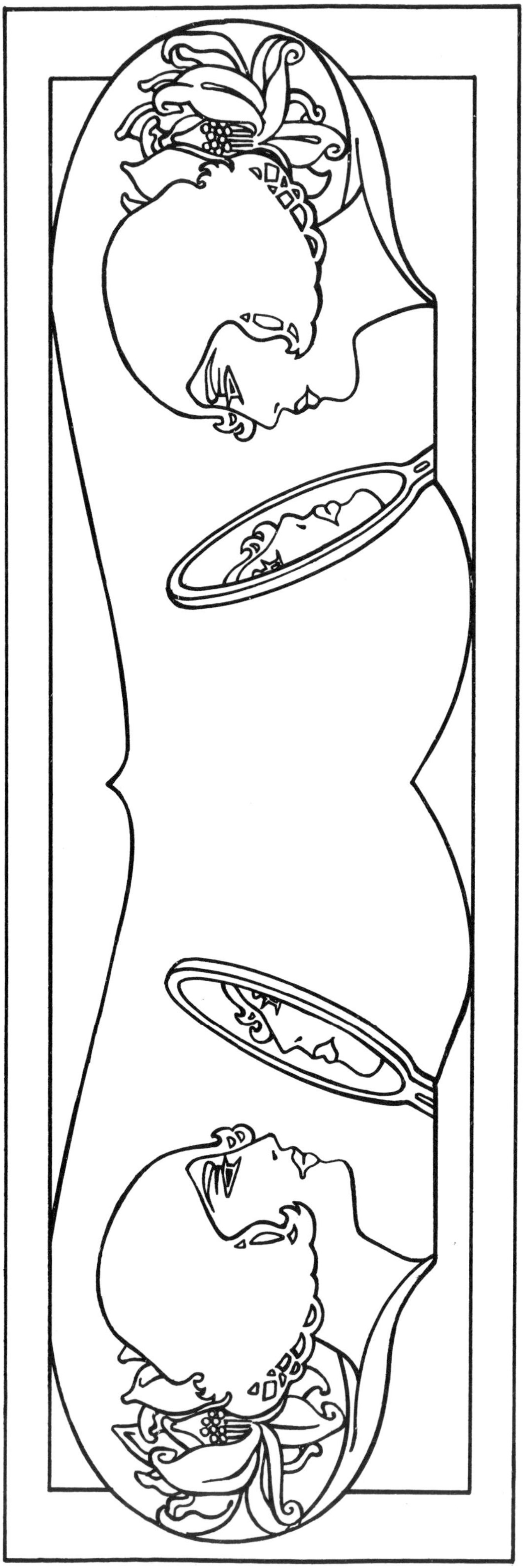

1

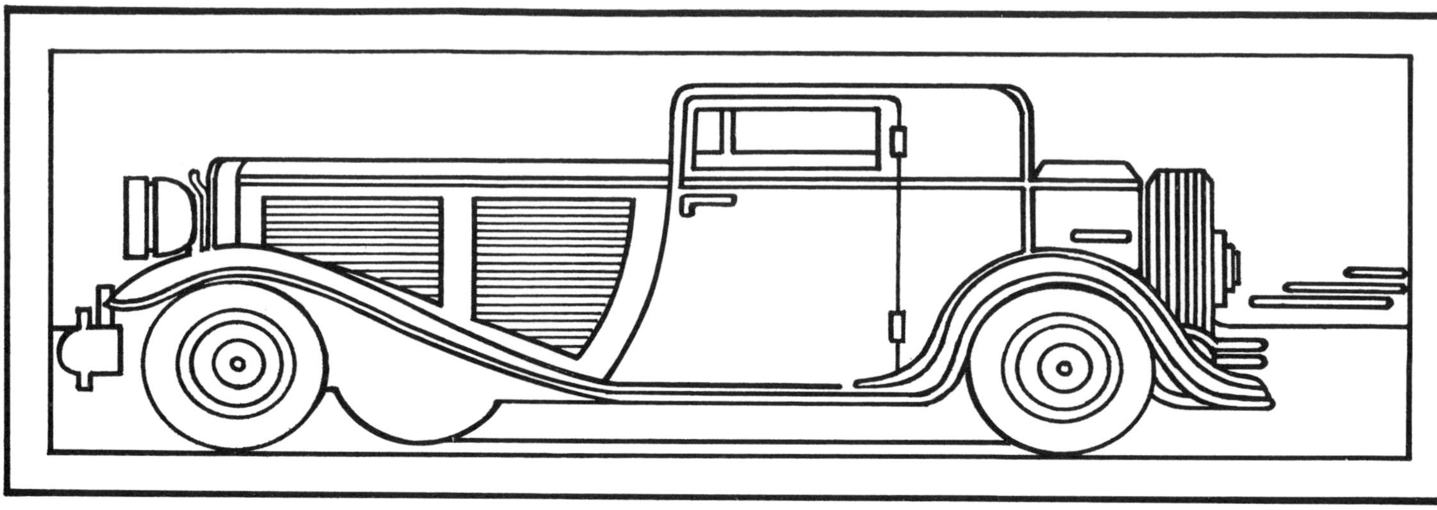

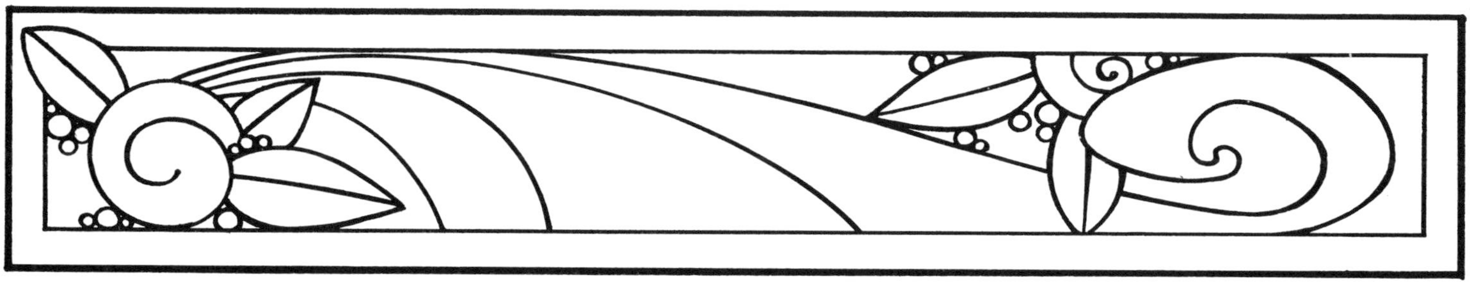

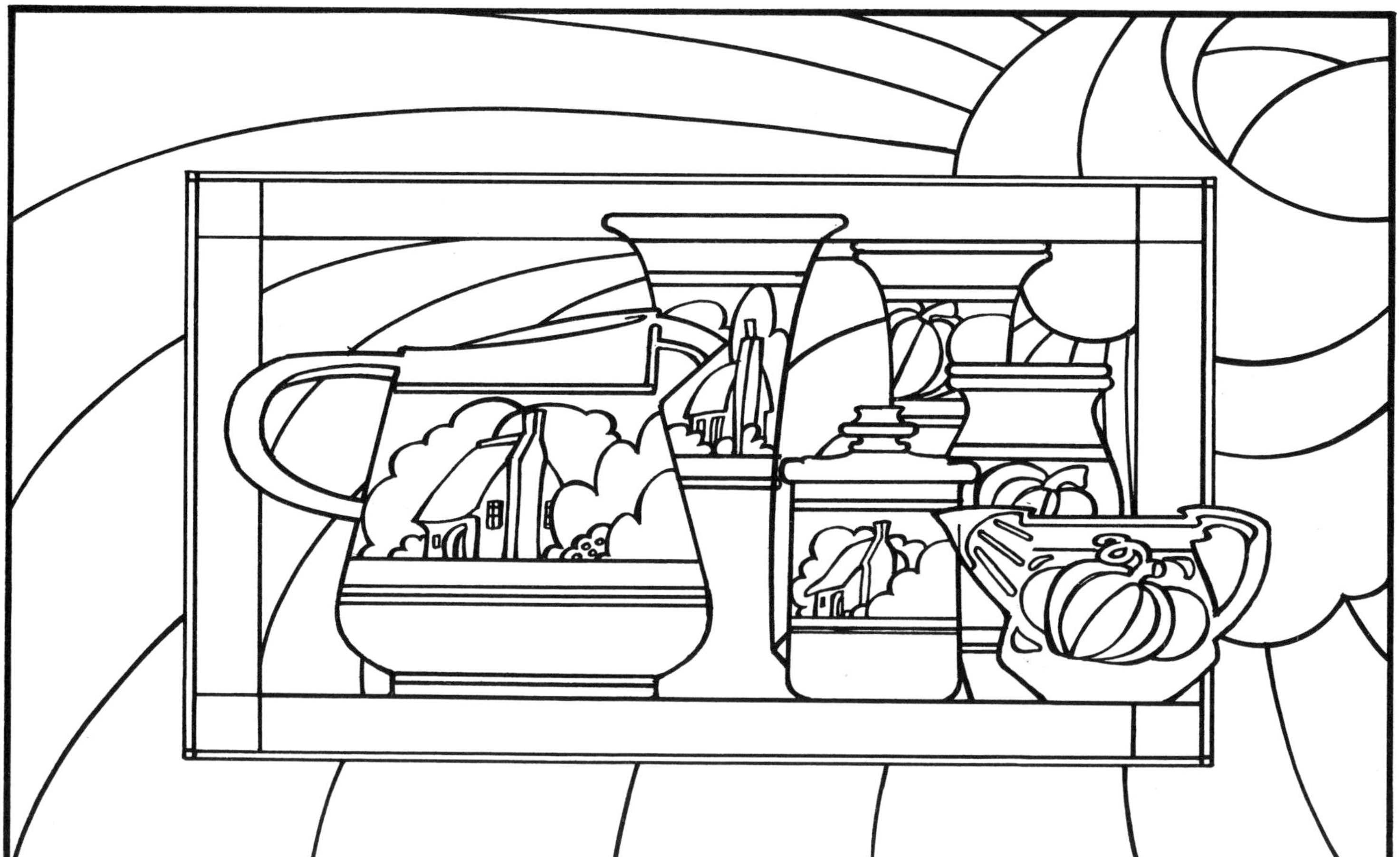

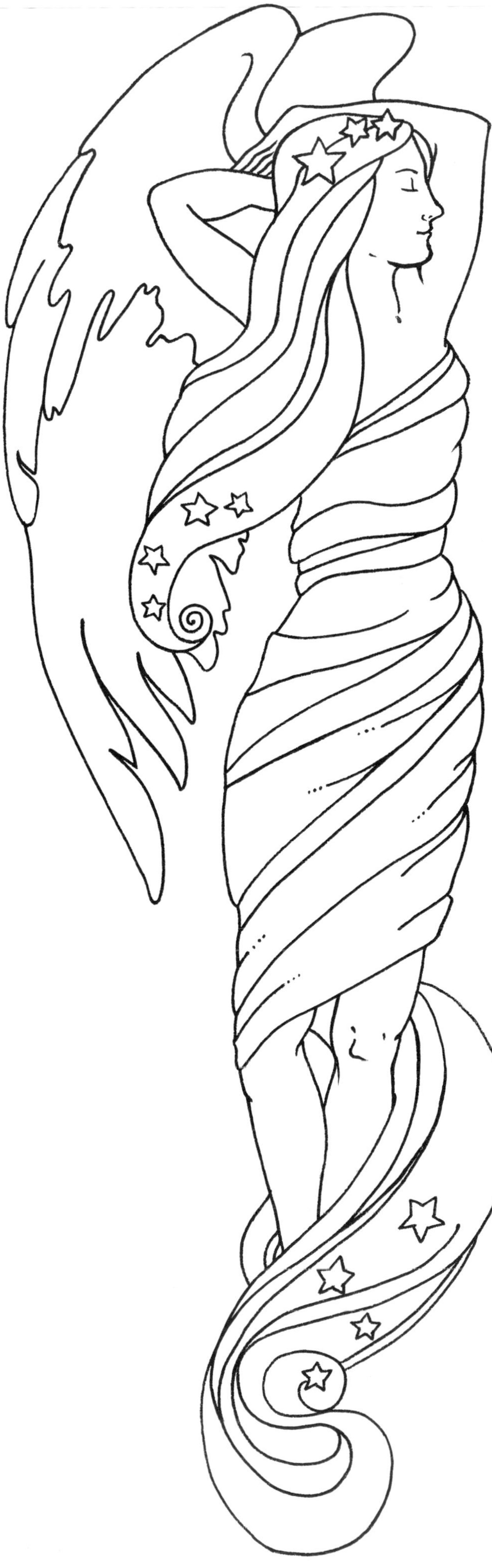

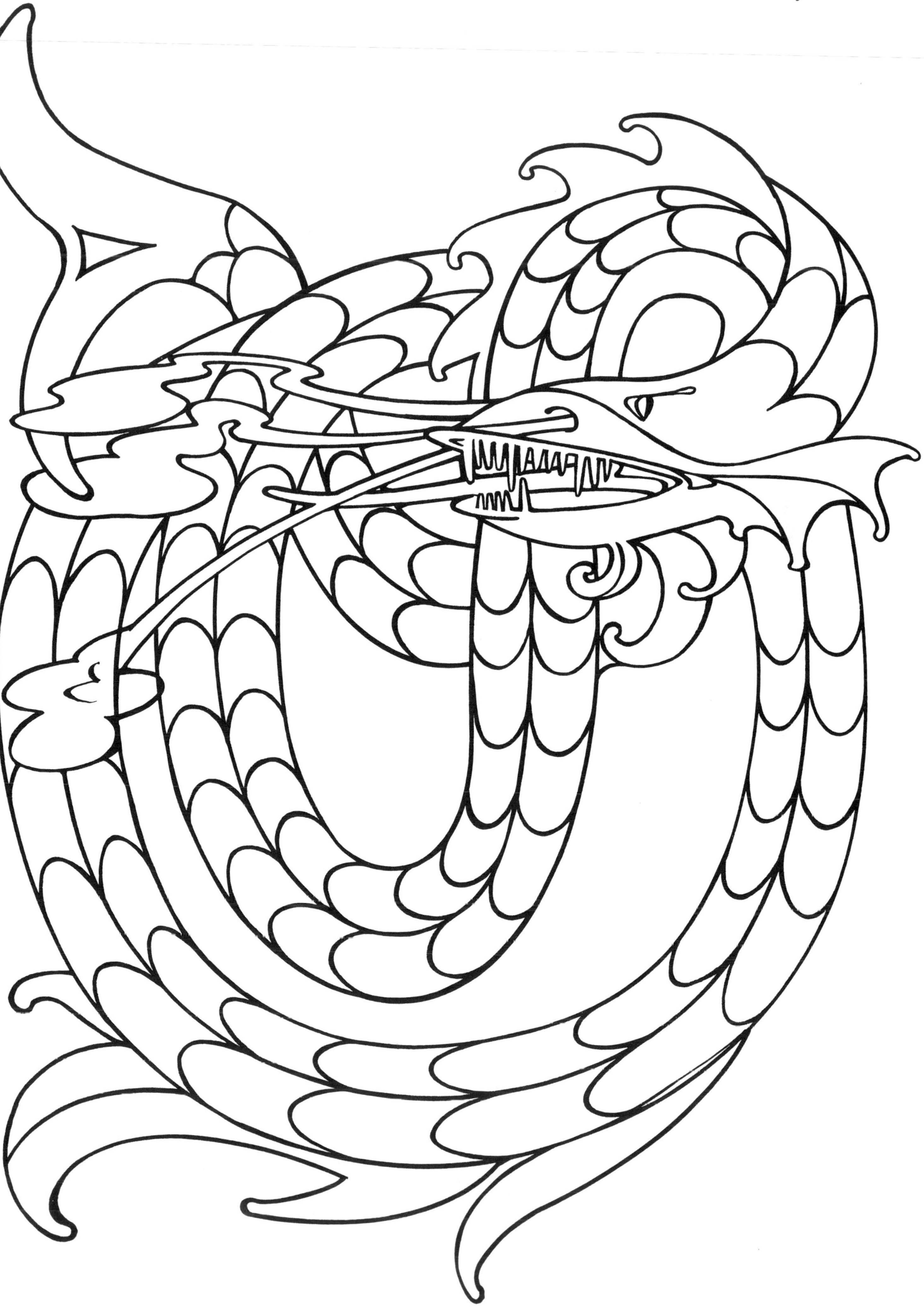

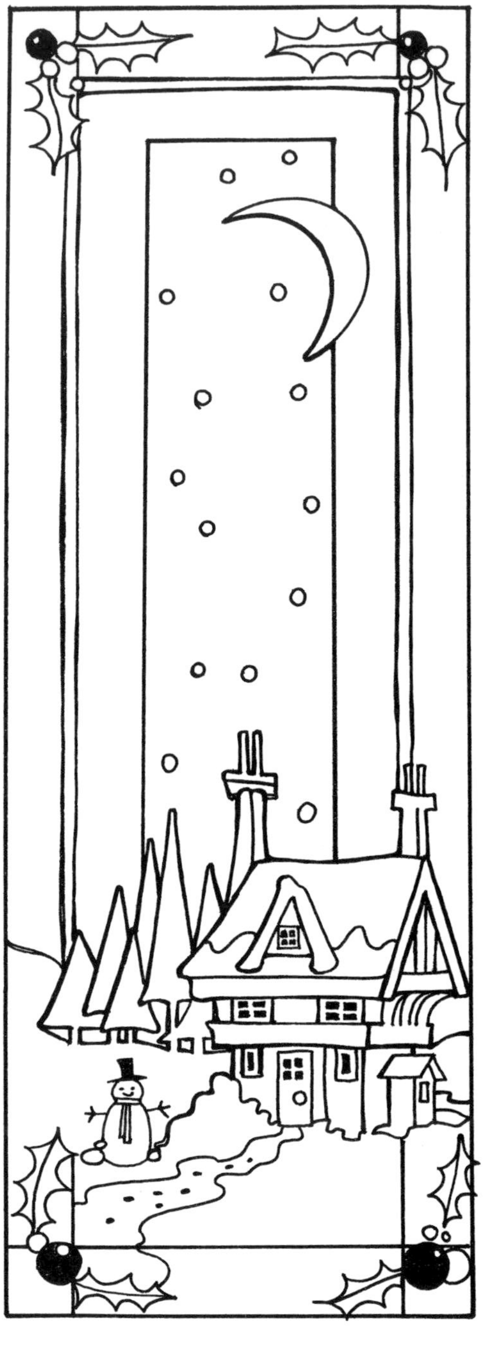

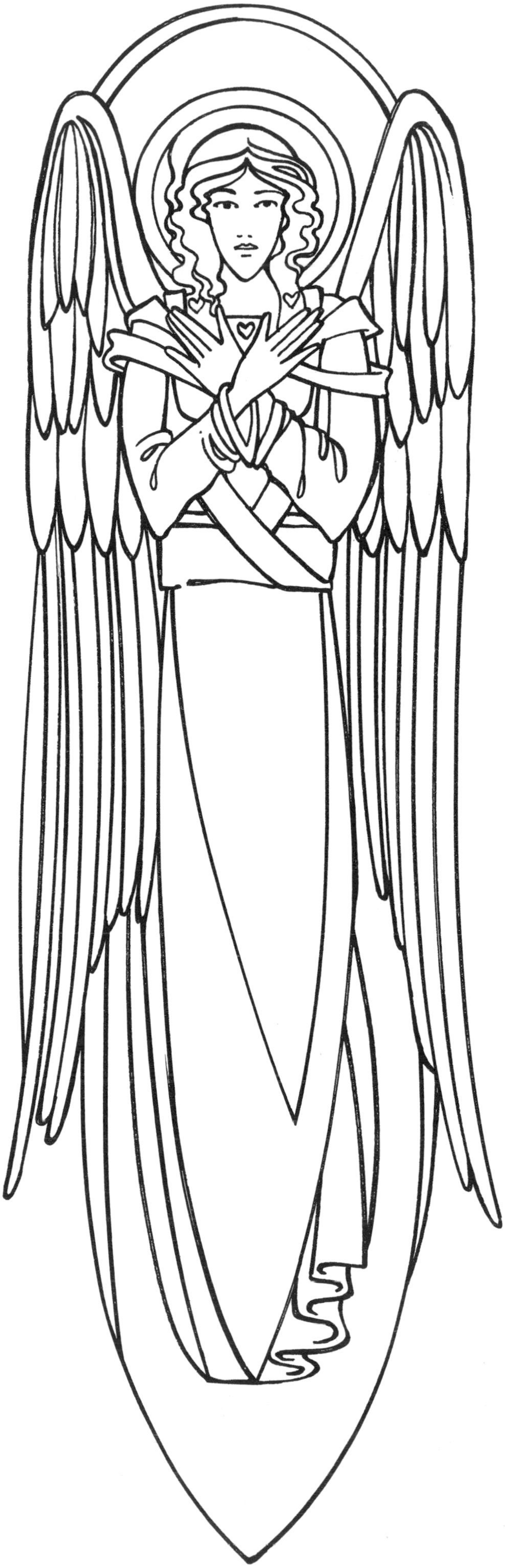

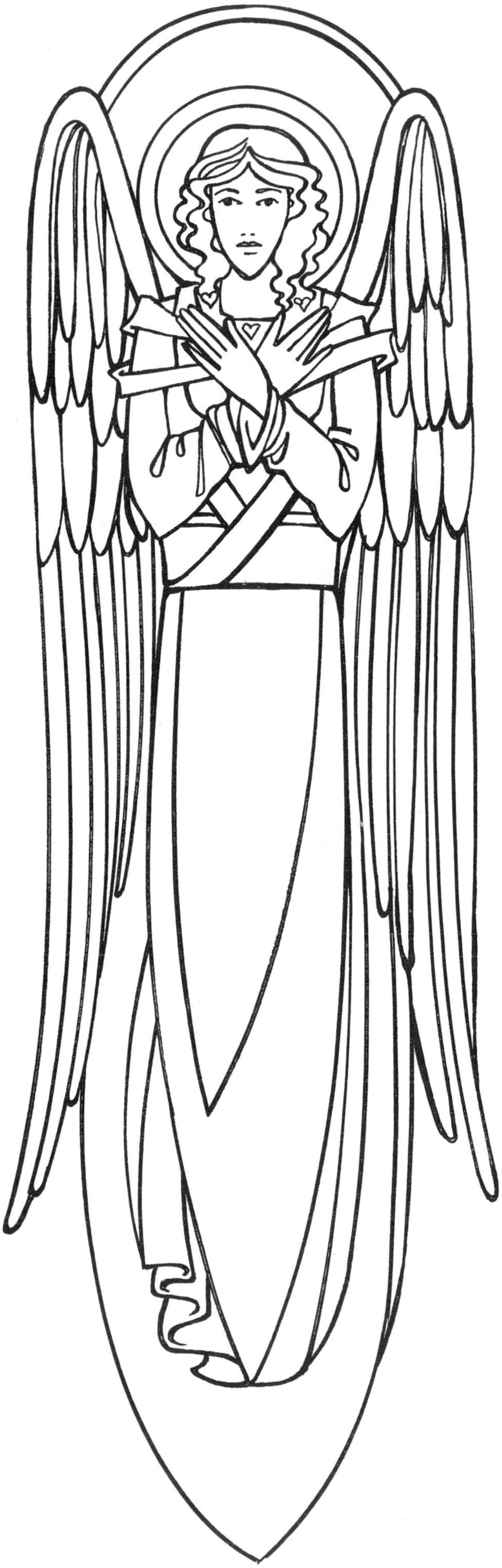

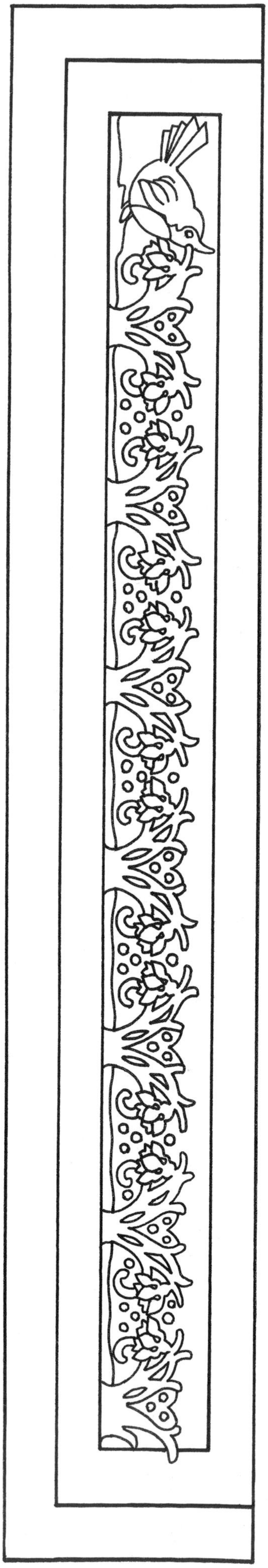

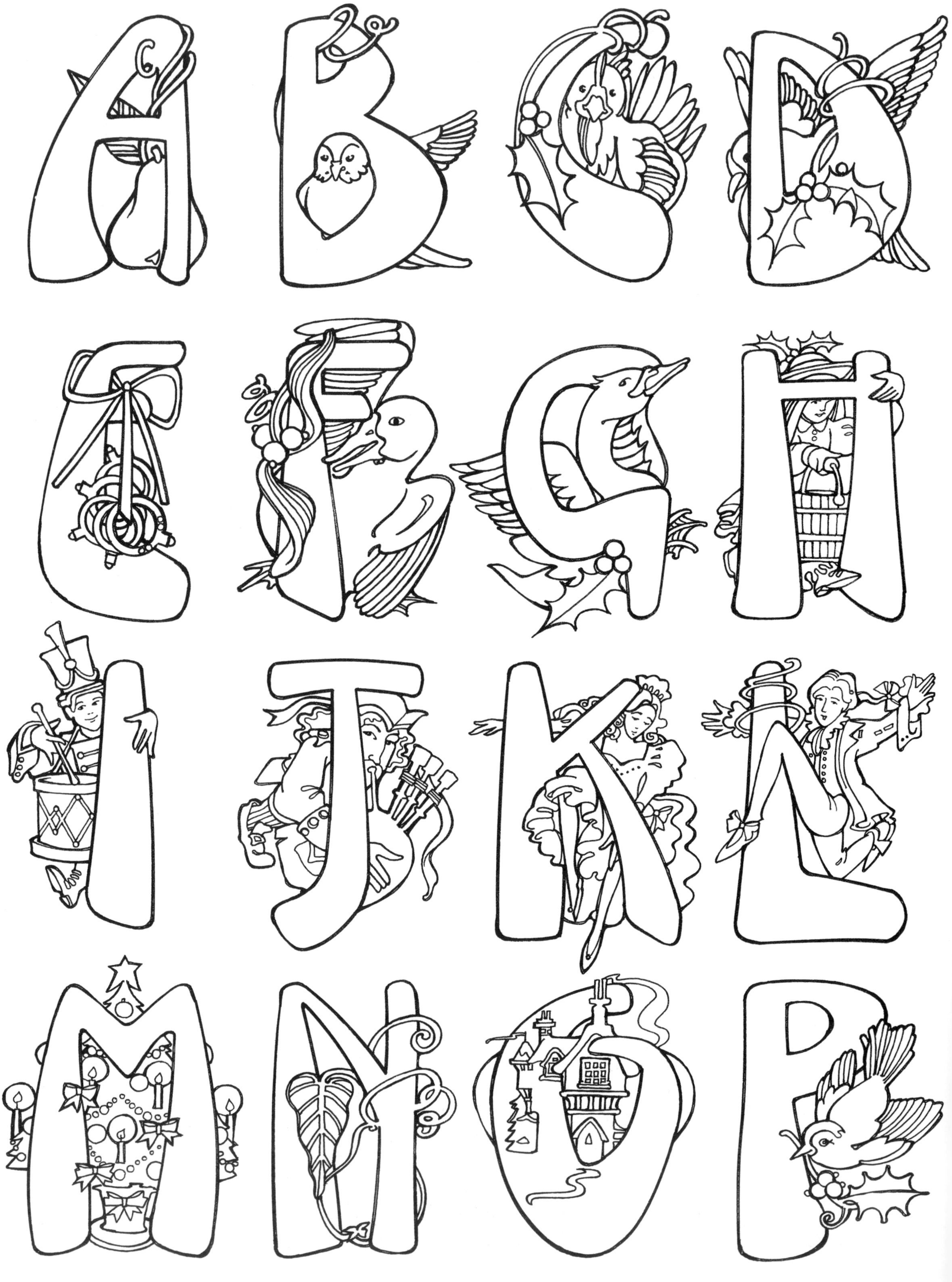

Q R S T
U V W X
Y Z ! &

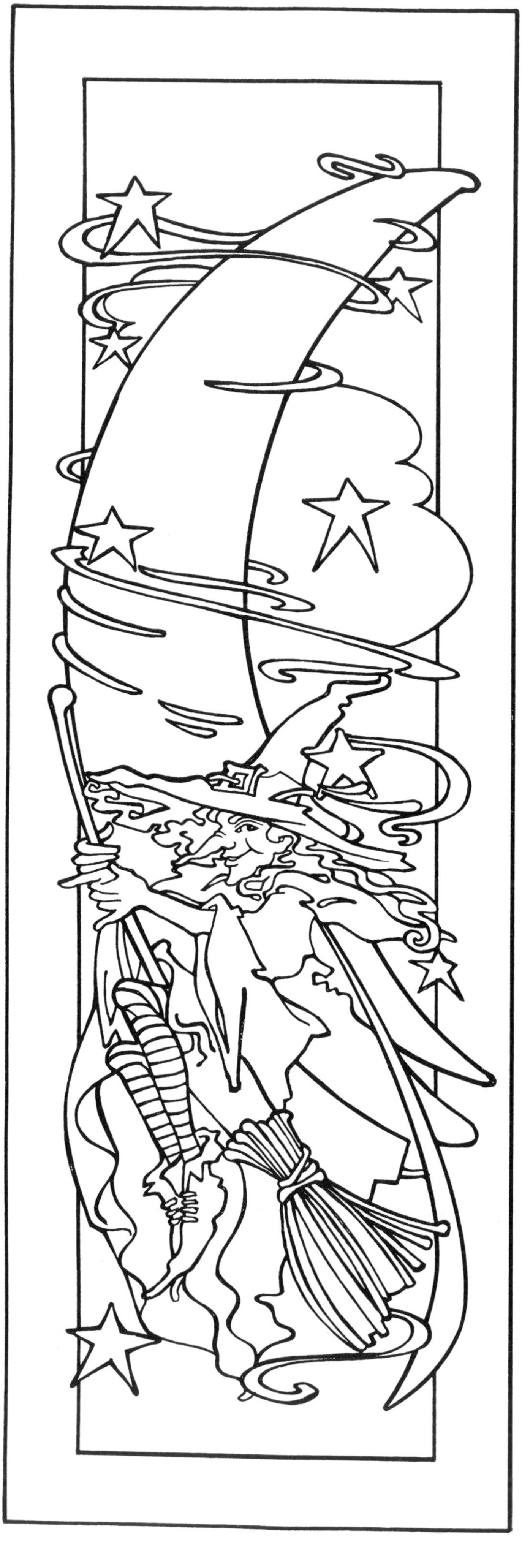

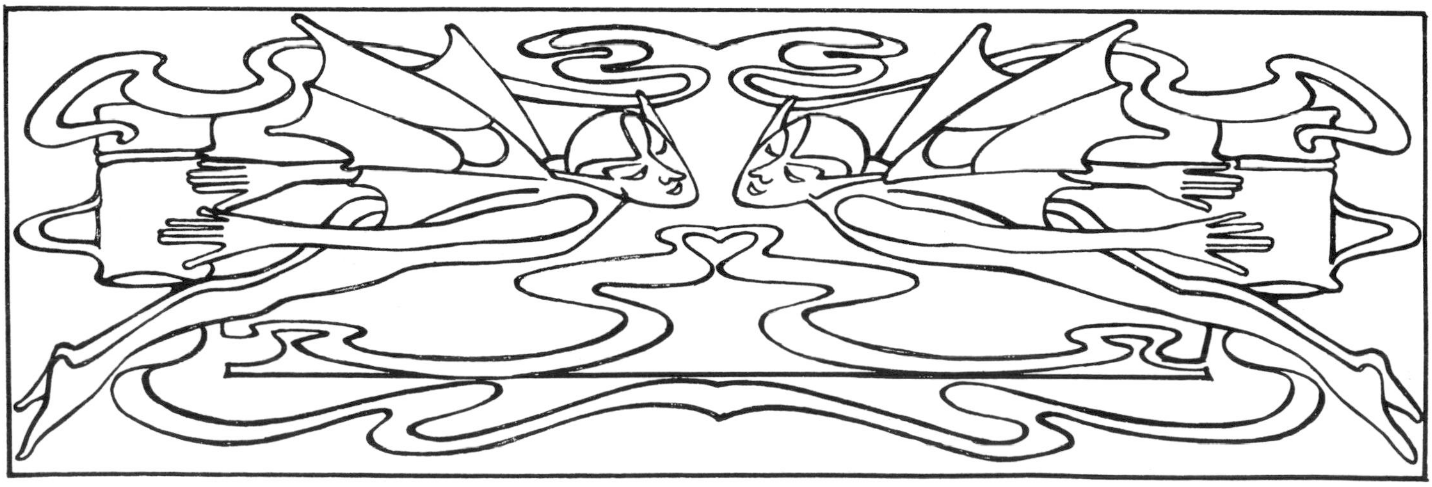

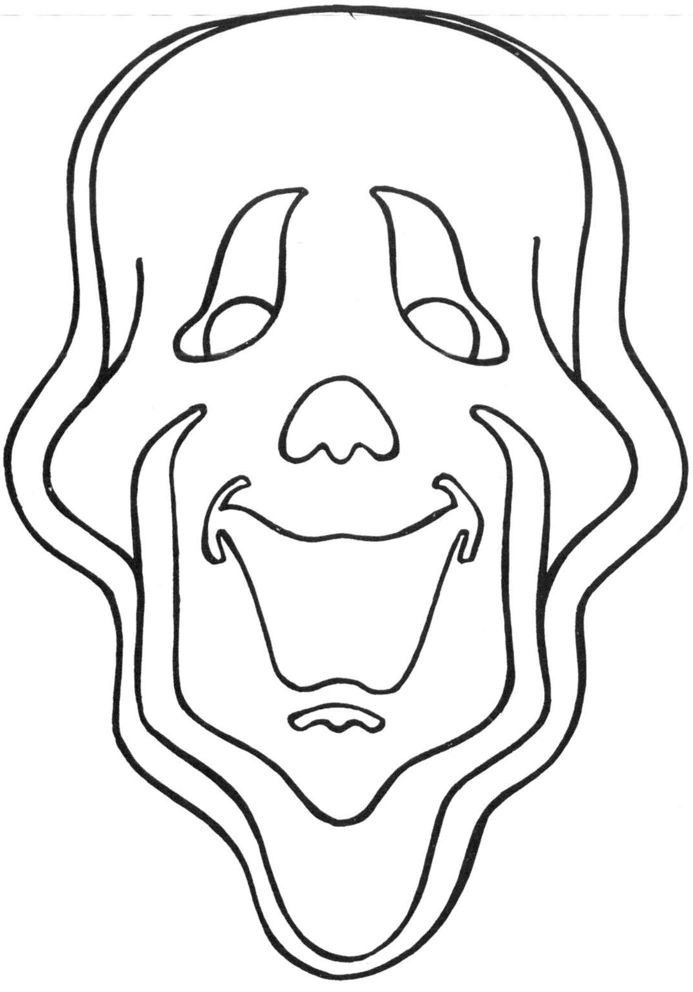

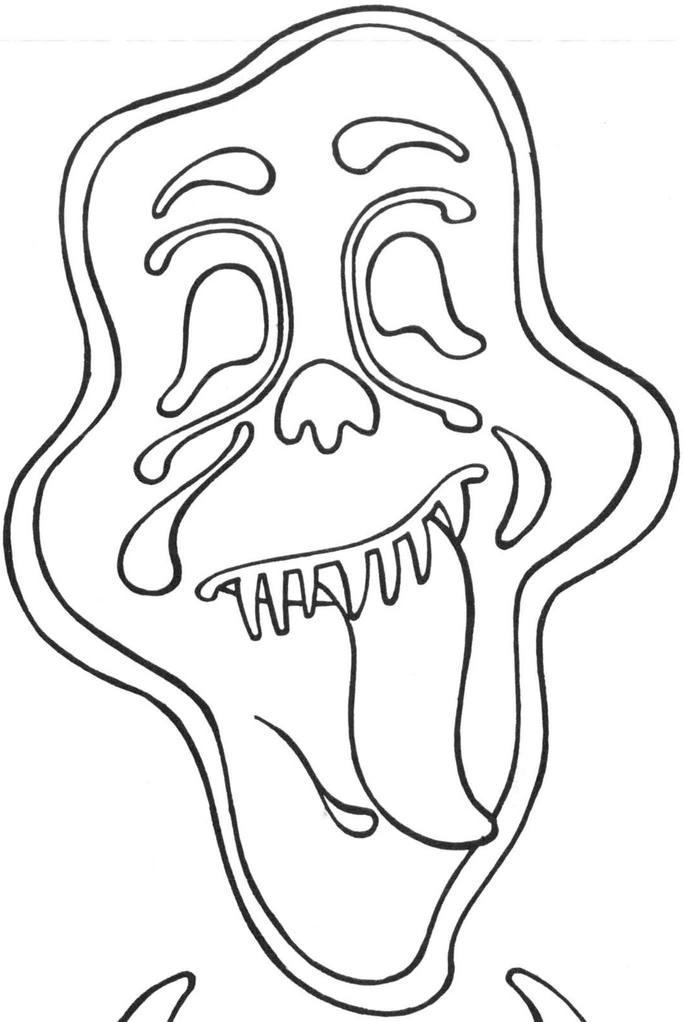

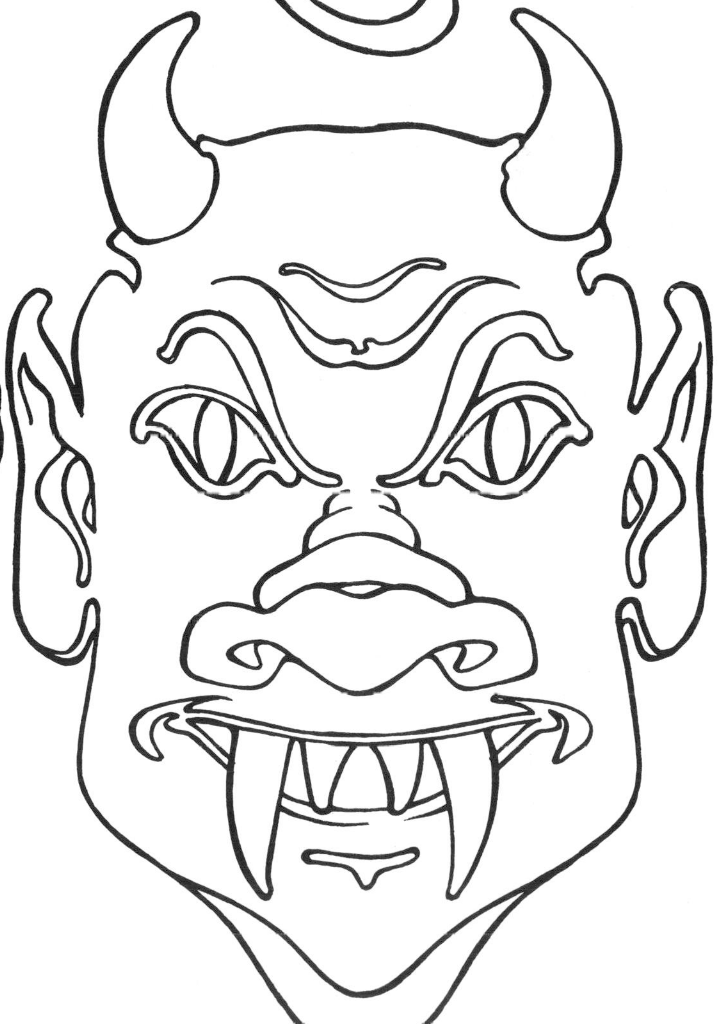

Aa Bb
Cc Dd
Ee Ff
Gg Hh

Ii Jj Kk
Ll Mm
Nn Oo
Pp Qq

Rr Ss
Tt Uu Vv
Ww Xx
Yy Zz

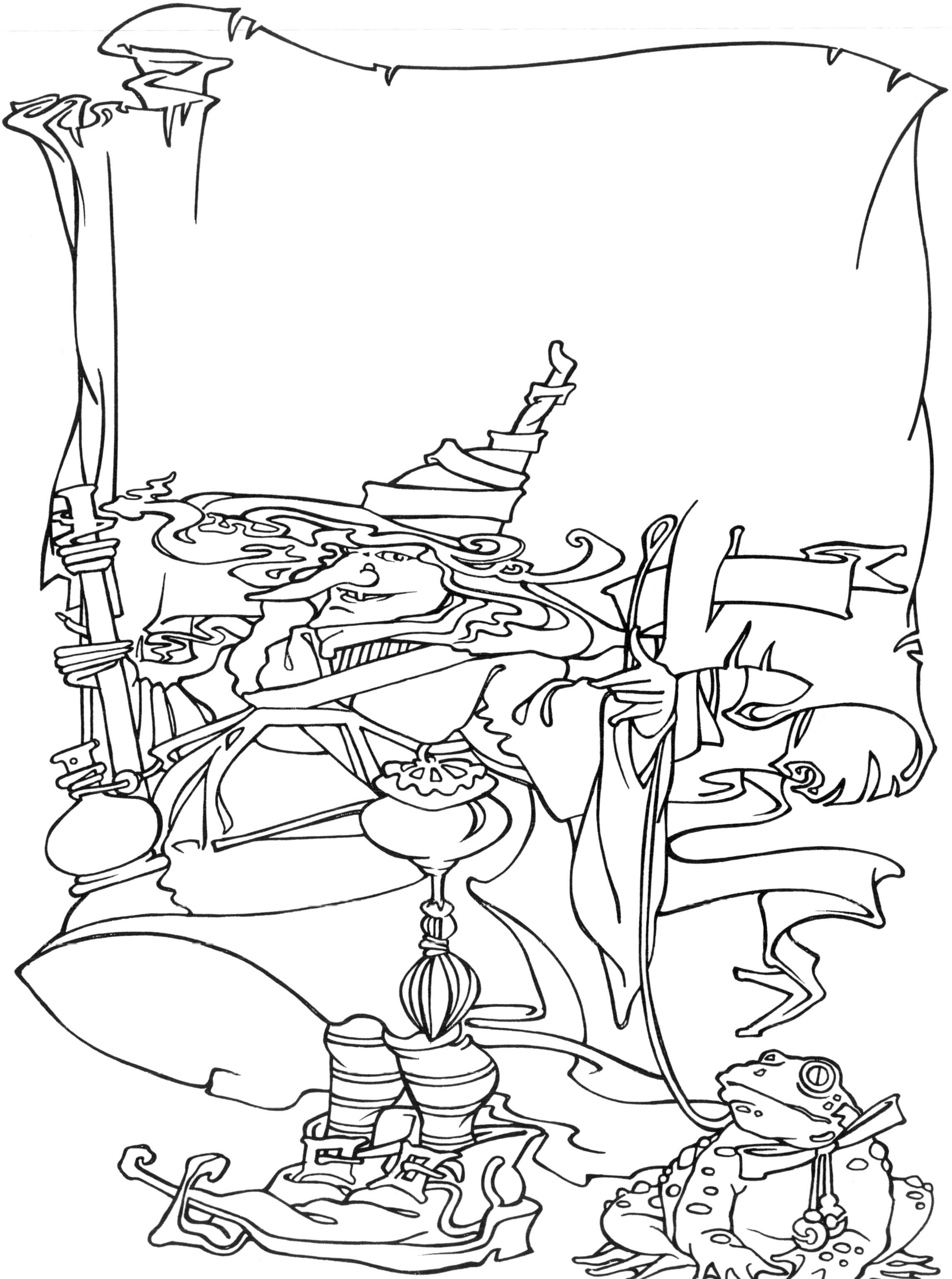

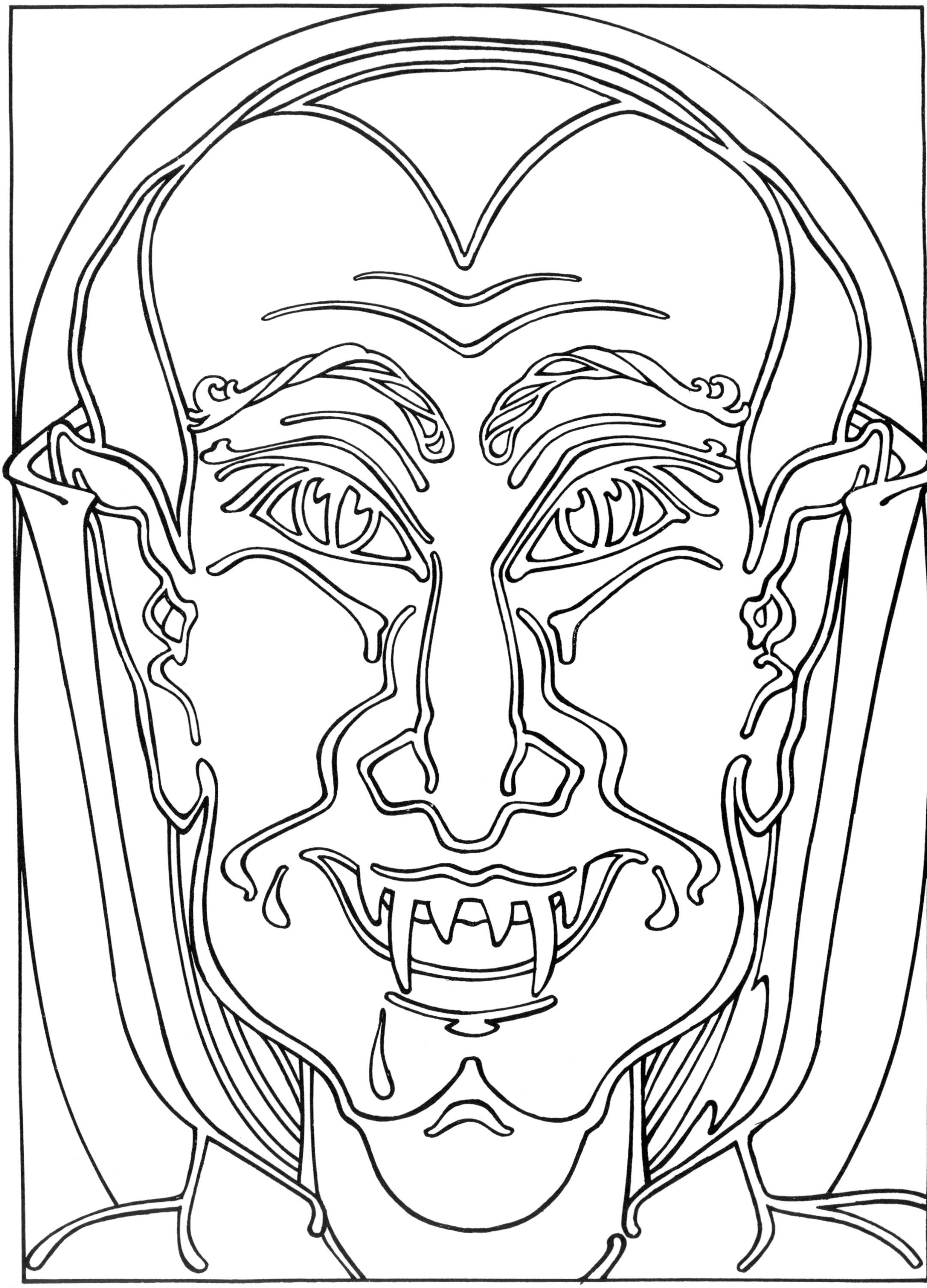

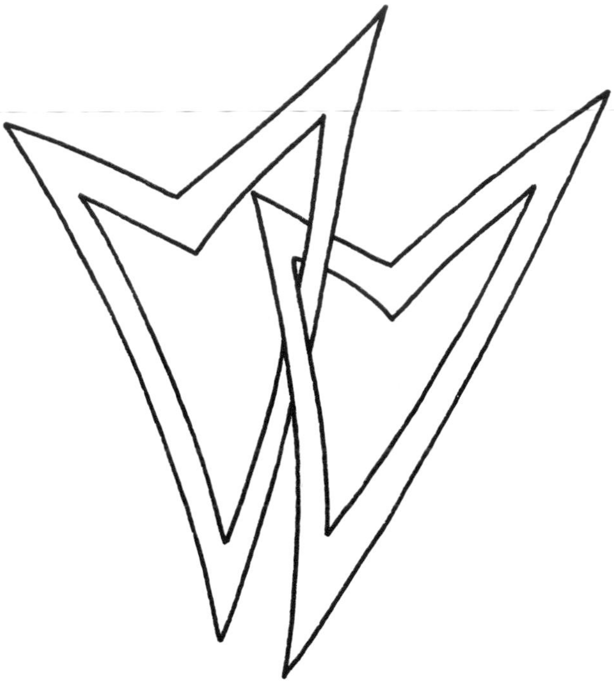

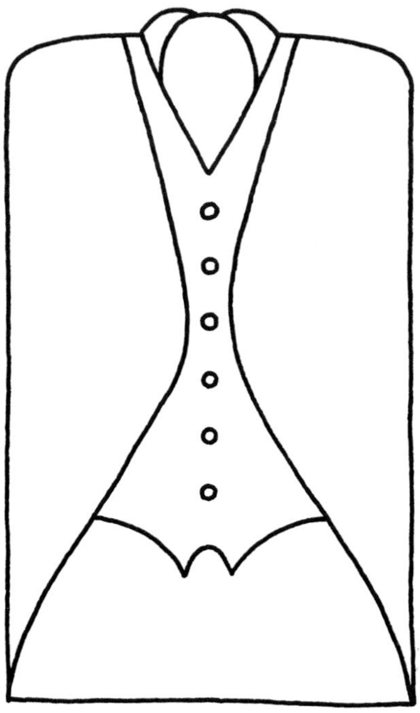

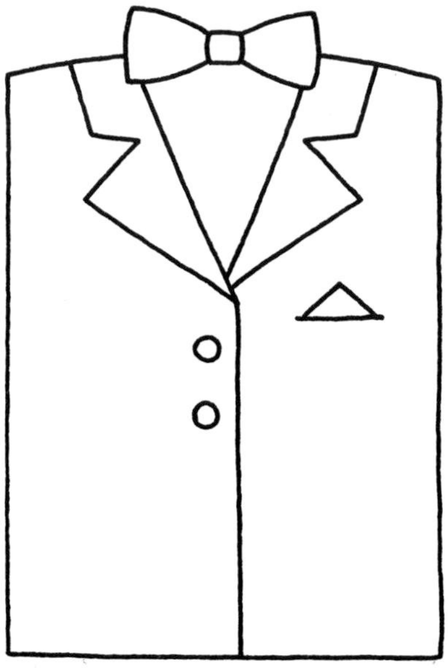

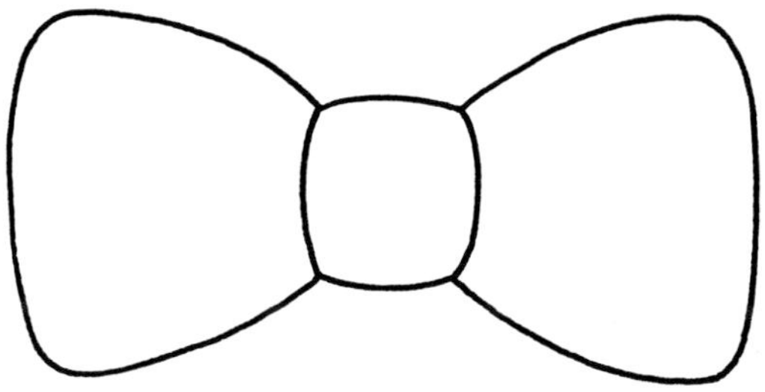

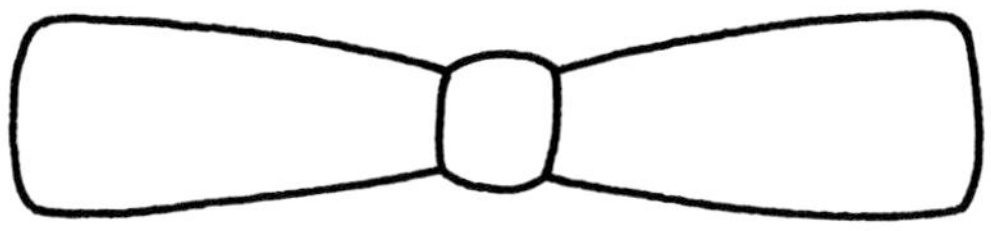

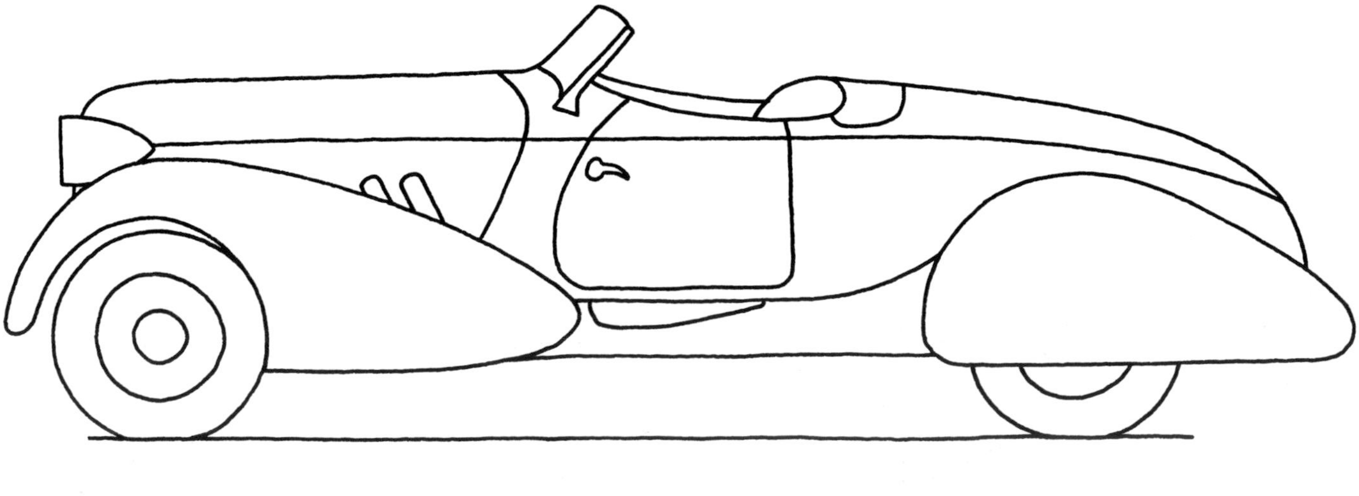

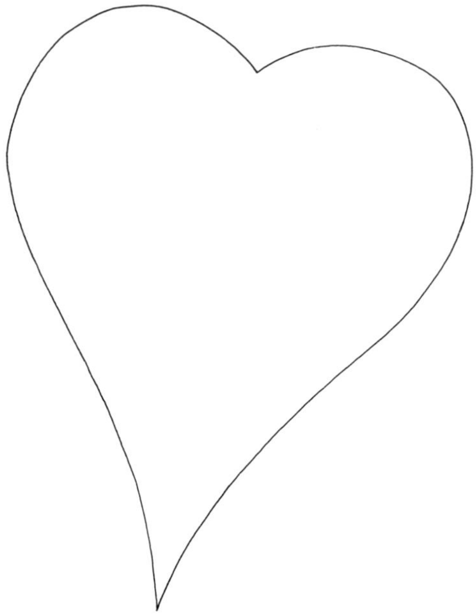

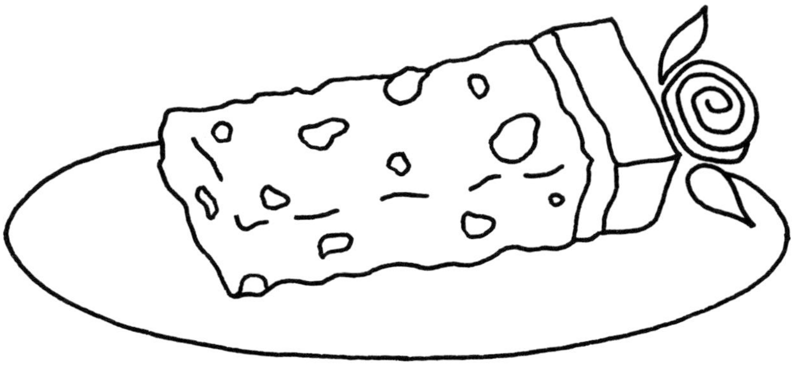

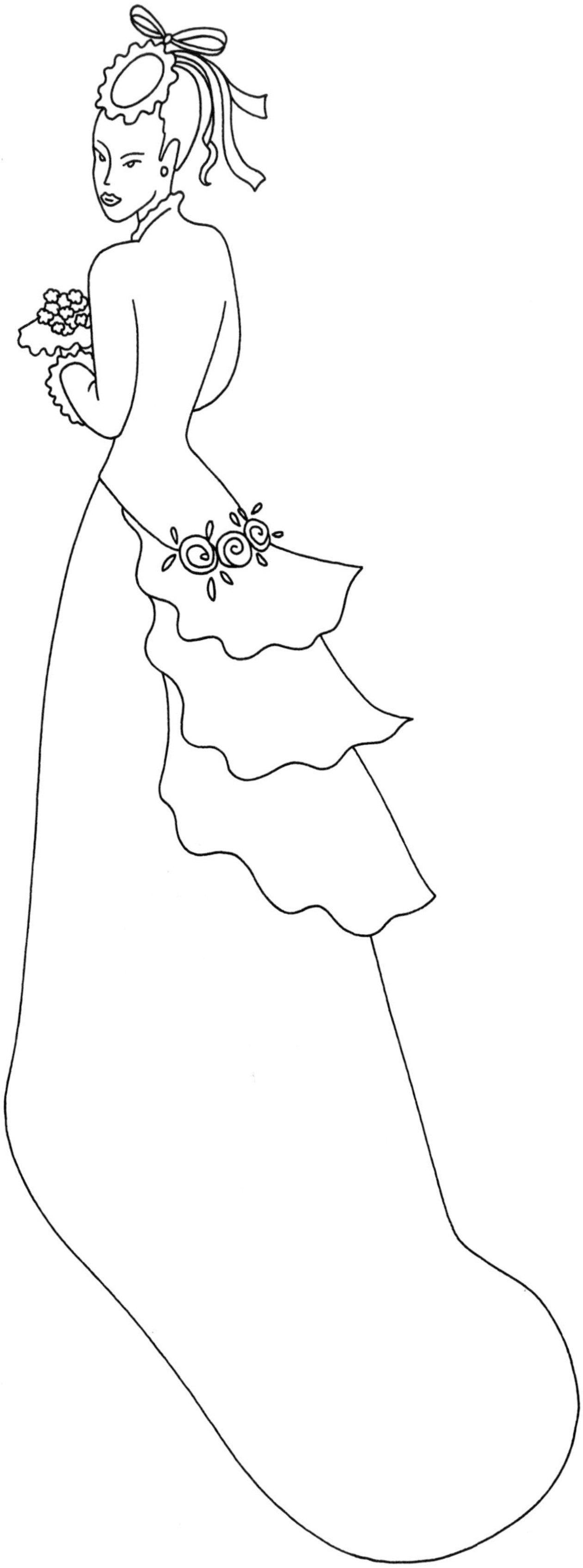

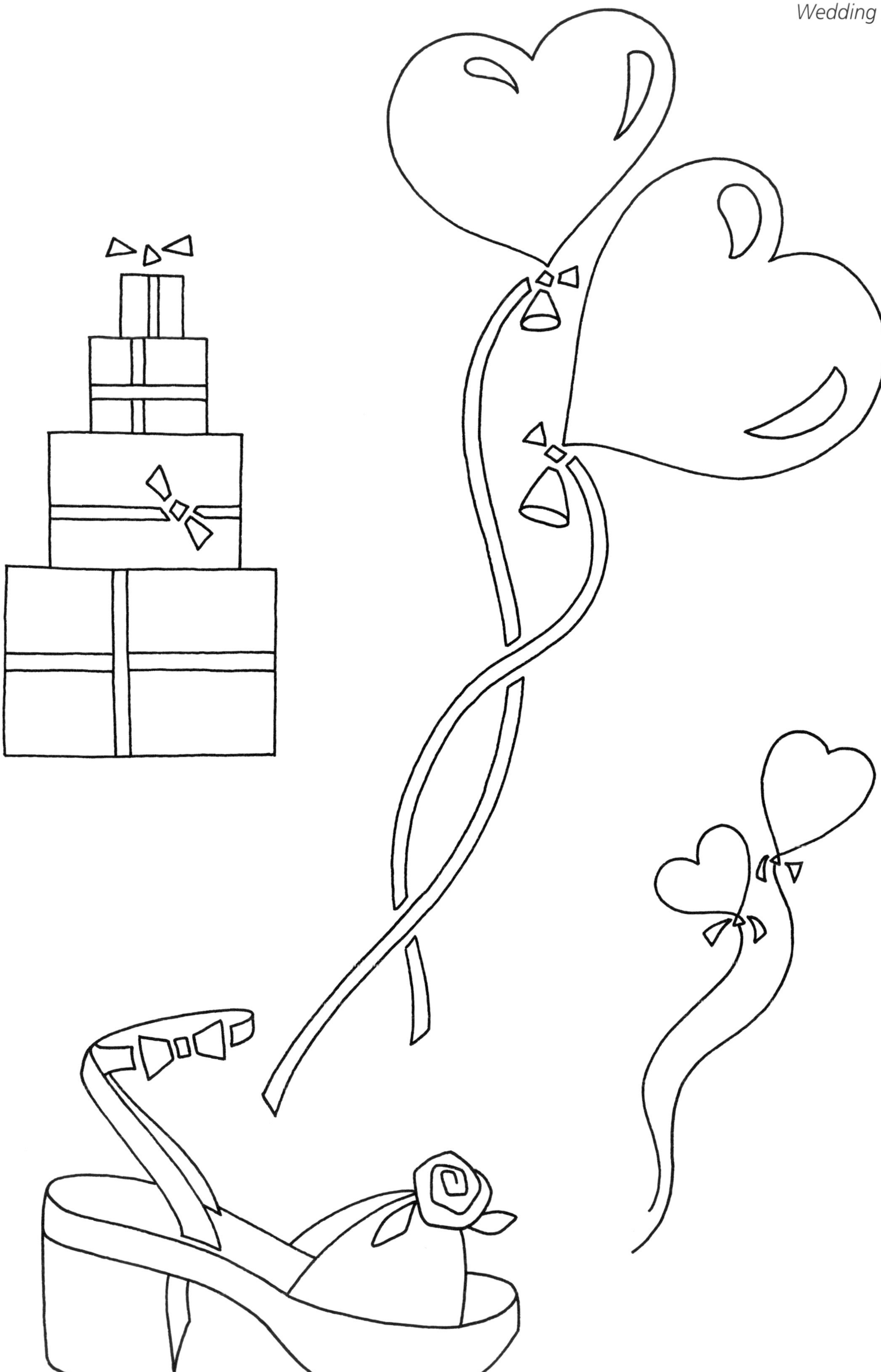

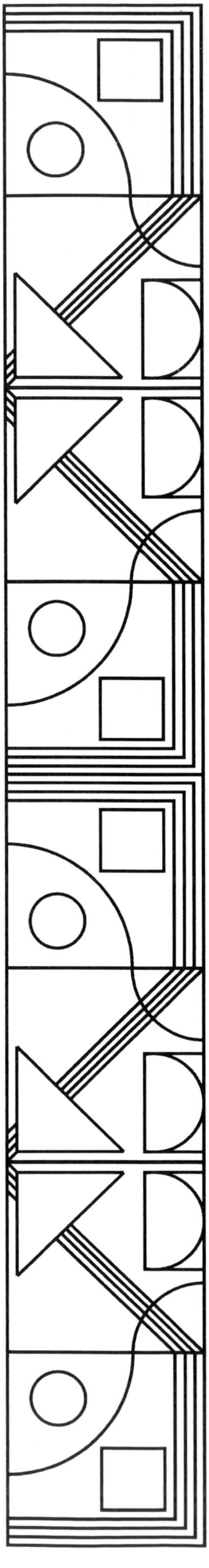

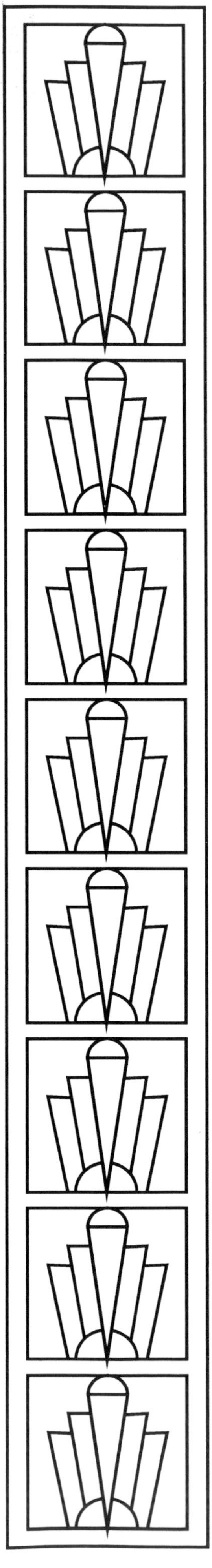

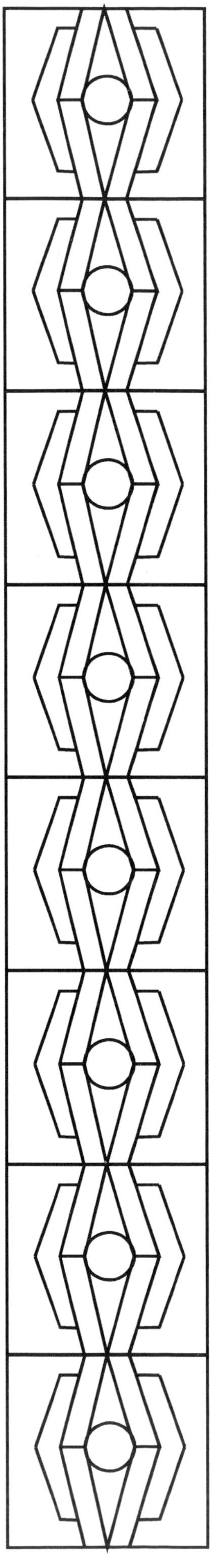

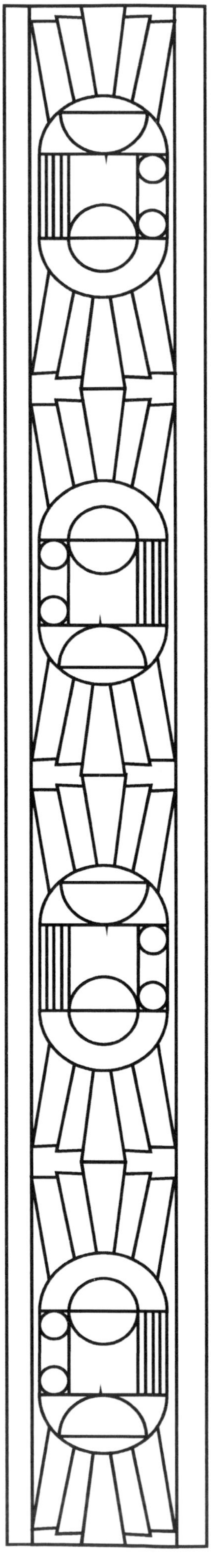

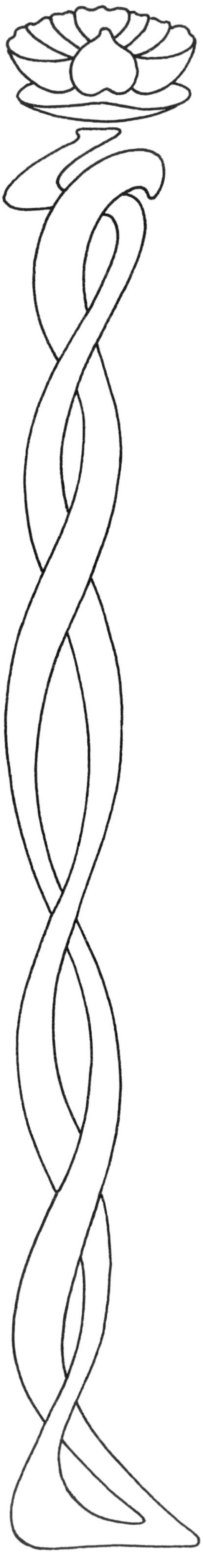

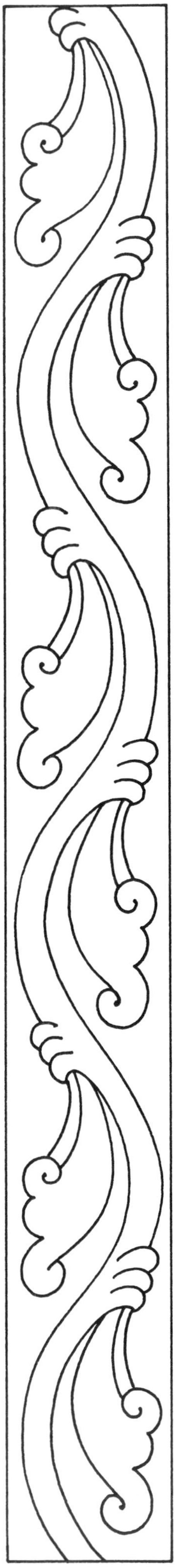
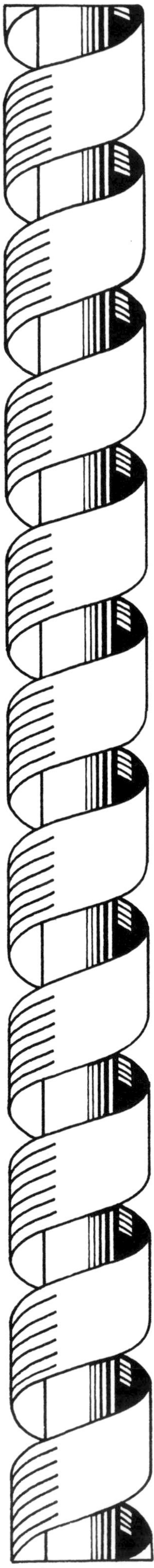
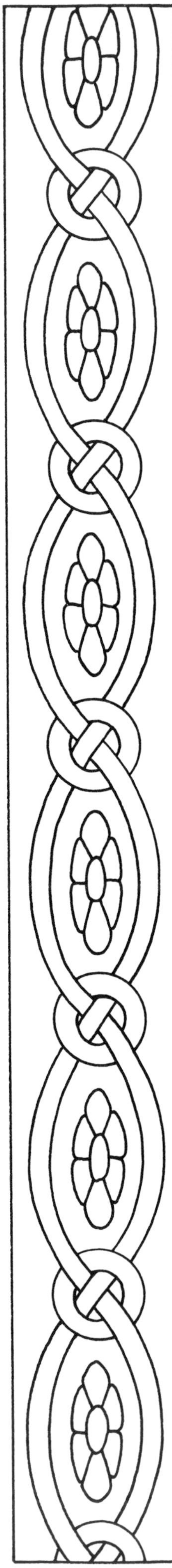

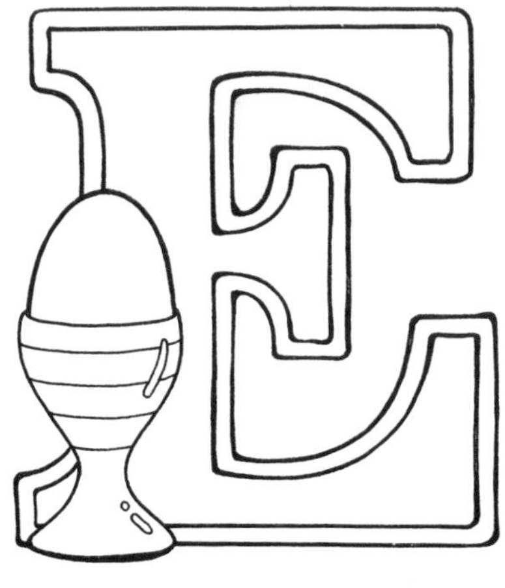

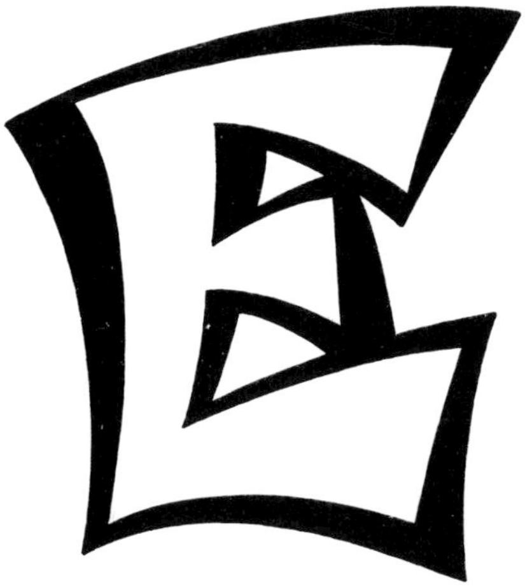

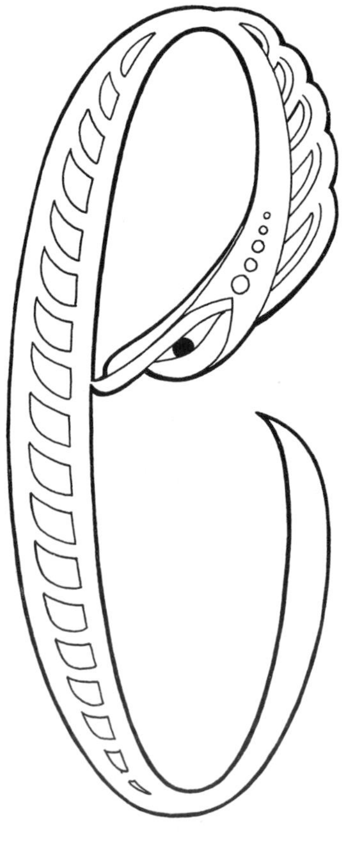

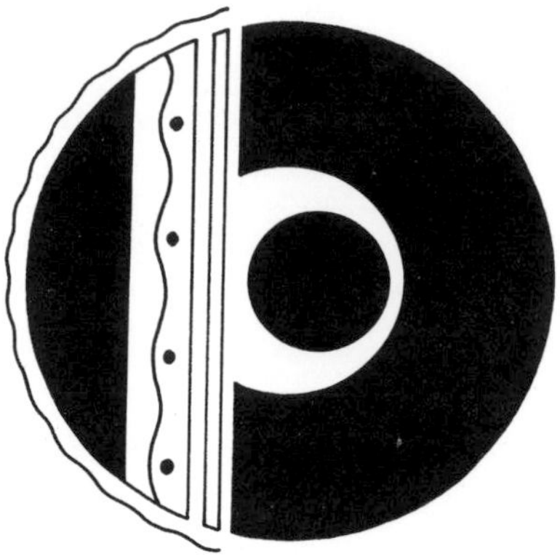
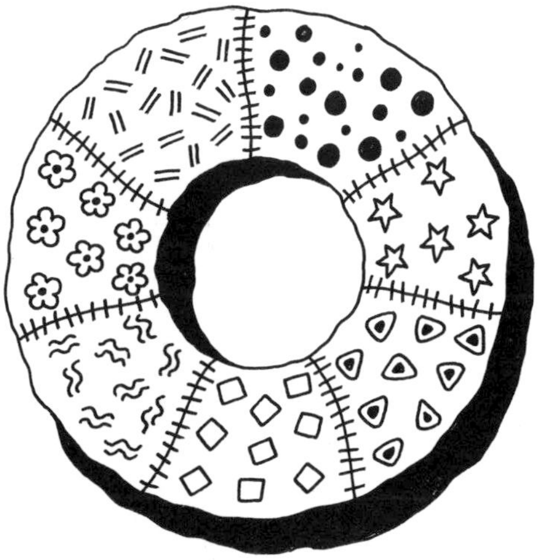

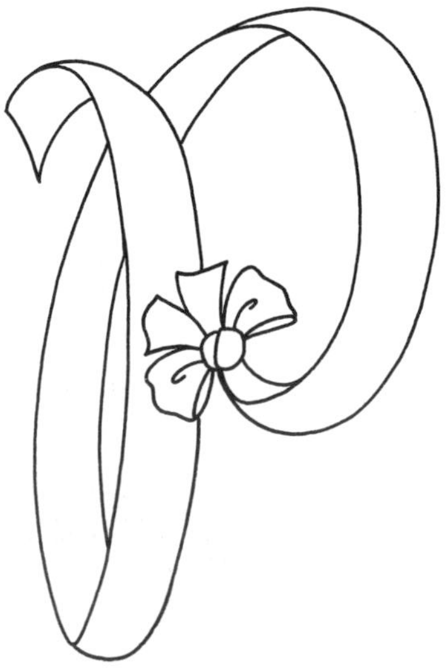

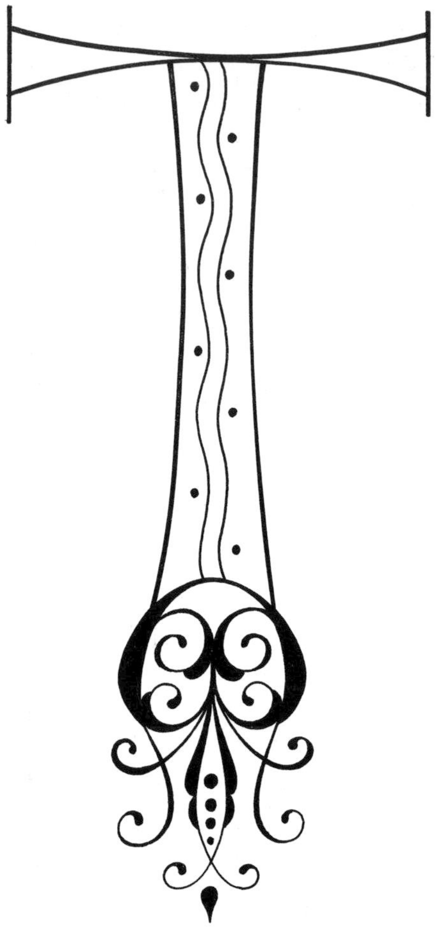

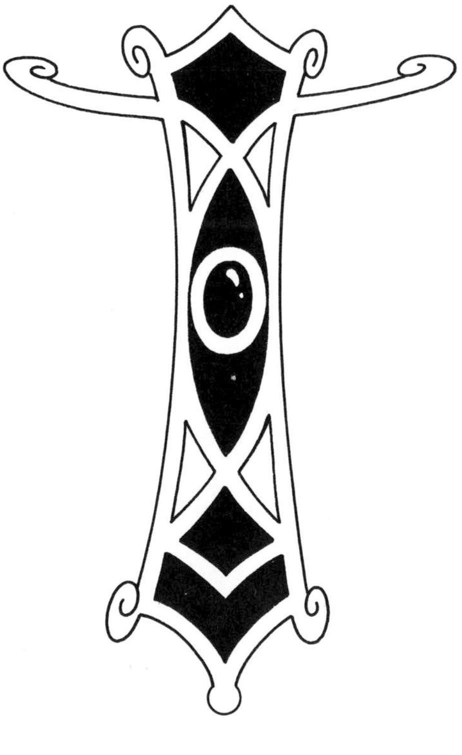

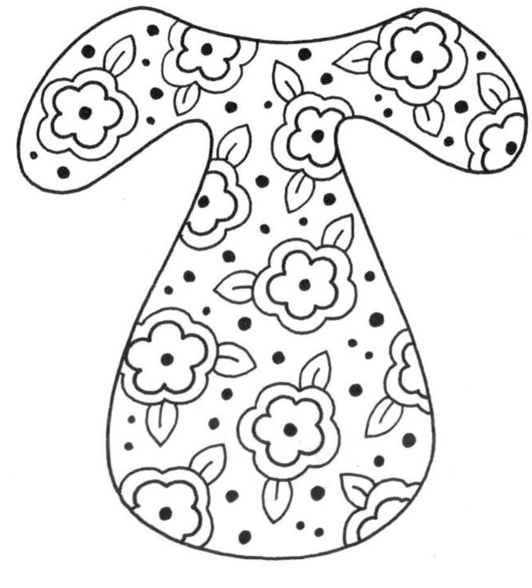
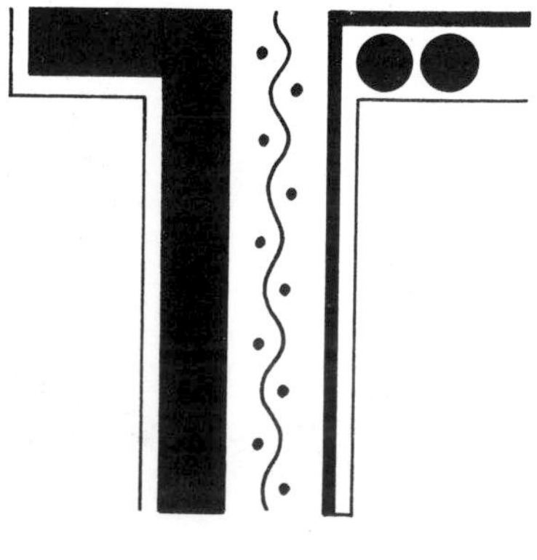

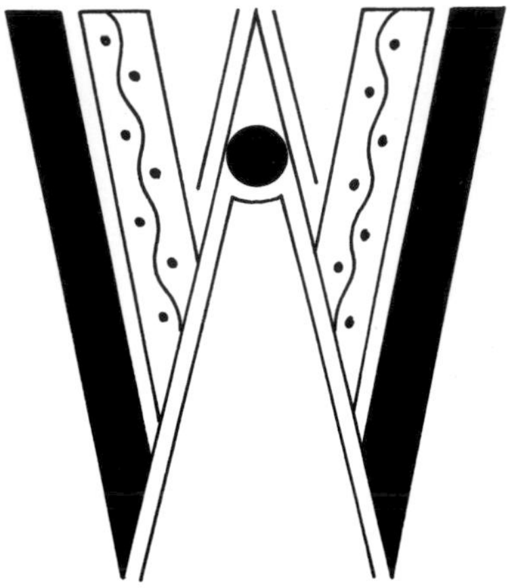

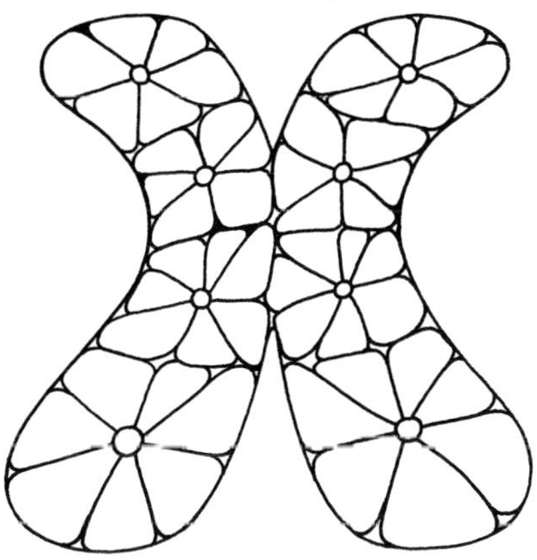
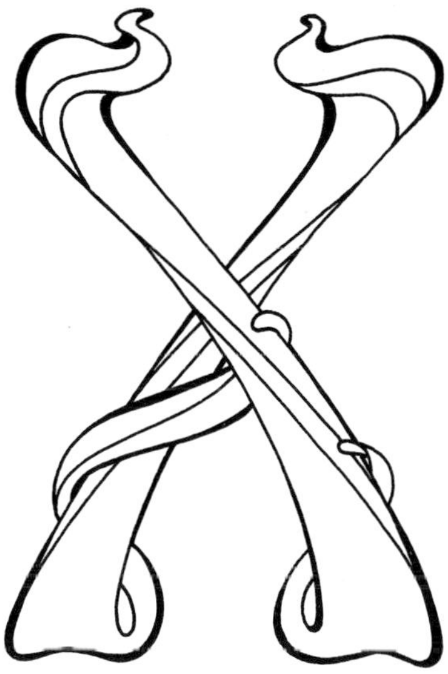

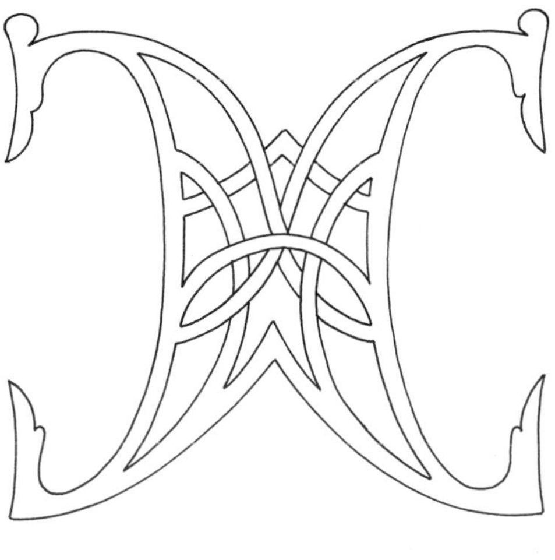